CINDY FORDE
ILLUSTRATIONEN VON BETHANY LORD

WUNDERVOLLE WELT VON MORGEN

AUS DEM ENGLISCHEN VON ELENA BRUNS

Für
Alaïs, Chloé, Julian, Leo, Lilah, Lilly, Mia und Sophie
Und für Saxon, Tasman und Everest
C.F.

Diesen Buch ist all den Kinder da draußen gewidmet,
die inspiriert sind, etwas zu verändern!
B.L.

Die Originalausgabe erschien 2022 in Großbritannien bei Welbeck Children's Books,
einem Imprint von Welbeck Children's Limited, Teil der Welbeck Publishing Group,
20 Mortimer Street, London W1T 3JW unter dem Originaltitel
„Bright new world – Building a better planet"

1. Auflage 2023

moses. Verlag GmbH
Arnoldstraße 13d
47906 Kempen
Fon: 02152-209850
Fax: 02152-209860
Mail: info@moses-verlag.de
www.moses-verlag.de

Übersetzung: Elena Bruns
Cover und Satz: Daniel Dittmann, Pulheim
Redaktion: Ina Lutterbüse

ISBN: 978-3-96455-266-2

MIX
Paper from responsible sources
FSC® C020056

VORWORT

Seit mehr als 50 Jahren setze ich mich für unsere Umwelt ein. Aber meine Welt änderte sich schlagartig, als eine 16-jährige Schülerin am 20. August 2018 in Stockholm beschloss zu streiken, um die schwedischen Politikerinnen und Politiker daran zu erinnern, dass sie einfach nicht genug tun, um die Klimakatastrophe zu bekämpfen. Bis Ende 2019 schlossen sich Greta Thunberg rund sieben Millionen junge Menschen auf die ein oder andere Weise an. Sie forderten die Politiker*innen auf der ganzen Welt auf, endlich etwas zu tun. Dann wurden wir alle vom Corona-Virus überrollt, aber diese Bewegung ist immer noch eine der inspirierendsten, die ich je gesehen habe. Sie hat mir in den letzten Jahren mehr Hoffnung gegeben als irgendetwas anderes. Junge Menschen, die sich so mutig erheben, um ihre Eltern und Großeltern daran zu erinnern, dass sie bisher ziemlichen Mist gebaut haben, was den Schutz unseres wunderschönen, verletzlichen Planeten angeht.

Ich weiß, mit wie viel Leidenschaft sich viele junge Menschen für die Umwelt einsetzen und mir ist es zuwider, dass sie ständig so viele schlechte Nachrichten hören müssen: die Katastrophen, das Artensterben, die Umweltverschmutzung, der Klimawandel, der immer schlimmer zu werden scheint. So sollte es wirklich nicht sein.

Genau deshalb mag ich dieses Buch so sehr. Es ignoriert keines der Probleme – denn das würde niemandem helfen. Stattdessen lädt es uns ein, all die erstaunlichen Dinge zu feiern, die geschehen. All die großartigen Kampagnen (und all die jungen Aktivist*innen!), die Geschichten der Hoffnung von überall auf der Welt und die besonderen Orte, die geschützt, wiederhergestellt und geliebt werden.

Und was ist das Erstaunlichste von allem? Jedes Mal, wenn wir die Natur an erste Stelle setzen (statt noch mehr Entwicklung und wirtschaftliches Wachstum in den Vordergrund zu rücken), ergeben sich so viele weitere Vorteile: Wir bekommen sauberere Luft und weniger verschmutztes Wasser, weniger Müll, besser geschützte Lebensgrundlagen und Gemeinschaften. Außerdem werden mehr von diesen elenden Treibhausgasen in Böden, Bäumen und anderen Pflanzen gespeichert, anstatt in die Atmosphäre zu gelangen.

Wir wissen jetzt, wie wichtig dies ist. Wir wissen, wir müssen die Natur wieder in den Mittelpunkt unseres Lebens rücken – in unseren Städten genauso wie auf dem Land oder in der freien Natur. Und wir wissen, dass uns all dies Freude in unsere Herzen bringt und ein Lächeln auf unsere Gesichter zaubert. Und wir brauchen viel mehr Freude und viel mehr Lächeln in einer so unruhigen und zerstörerischen Welt.

Jonathan Porritt, Autor und Aktivist

INHALT

EINLEITUNG

DIE ZUKUNFT IST SCHÖN

SUPERKRÄFTE

DIE ZUKUNFT UNSERER NAHRUNG

DIE KRAFT DER OZEANE

GENUG ZEUG!

EINLEITUNG
EINE WELT FÜR ALLE

Wunderschön, nicht wahr? In diesem gigantischen Sonnensystem gibt es nur auf unserem kleinen Planeten nachweisbar Leben im Universum.

Jeder kleinste Beitrag von uns ist wichtig. Dein Beitrag ist vielleicht der Wichtigste von allen.

Wir Menschen müssen uns großen Problemen stellen: Klimawandel, Artensterben, Pandemien, schrumpfenden Regenwäldern, verdreckten Ozeanen, Armut und Ungerechtigkeit.
Jede Lebensform ist in Gefahr, auch unser Leben, denn es wird für die Erde immer schwieriger, uns alle zu versorgen und am Leben zu halten.

Aber weil wir mittlerweile so viel darüber wissen, wie unser Planet funktioniert, wissen wir auch, wie wir eine schöne Welt erschaffen könnten, in der alle leben können.

In diesem Buch werden wir diese schöne Welt besuchen!

Wir werden unsere wunderbare Zukunft erkunden, die vor uns liegt, wenn wir unsere Köpfe und Herzen benutzen und uns trauen, Dinge anders zu machen. Wir wissen, dass es die Erde ist, die uns mit allem Lebensnotwendigen versorgt. Was wäre also, wenn wir die Dinge, die unsere Probleme verursacht haben, in Lösungen verwandeln? Energie, Nahrung, Landwirtschaft, Industrie, Städte, Gebäude, Züge, Flugzeuge und Autos. Die Art, wie wir mit dem Regenwald, unseren Ozeanen und uns gegenseitig umgehen. Wie wir in den Urlaub fahren, zur Schule gehen oder was wir kaufen – all das ist wichtig.

Die meisten Lösungen, die wir brauchen, gibt es bereits!

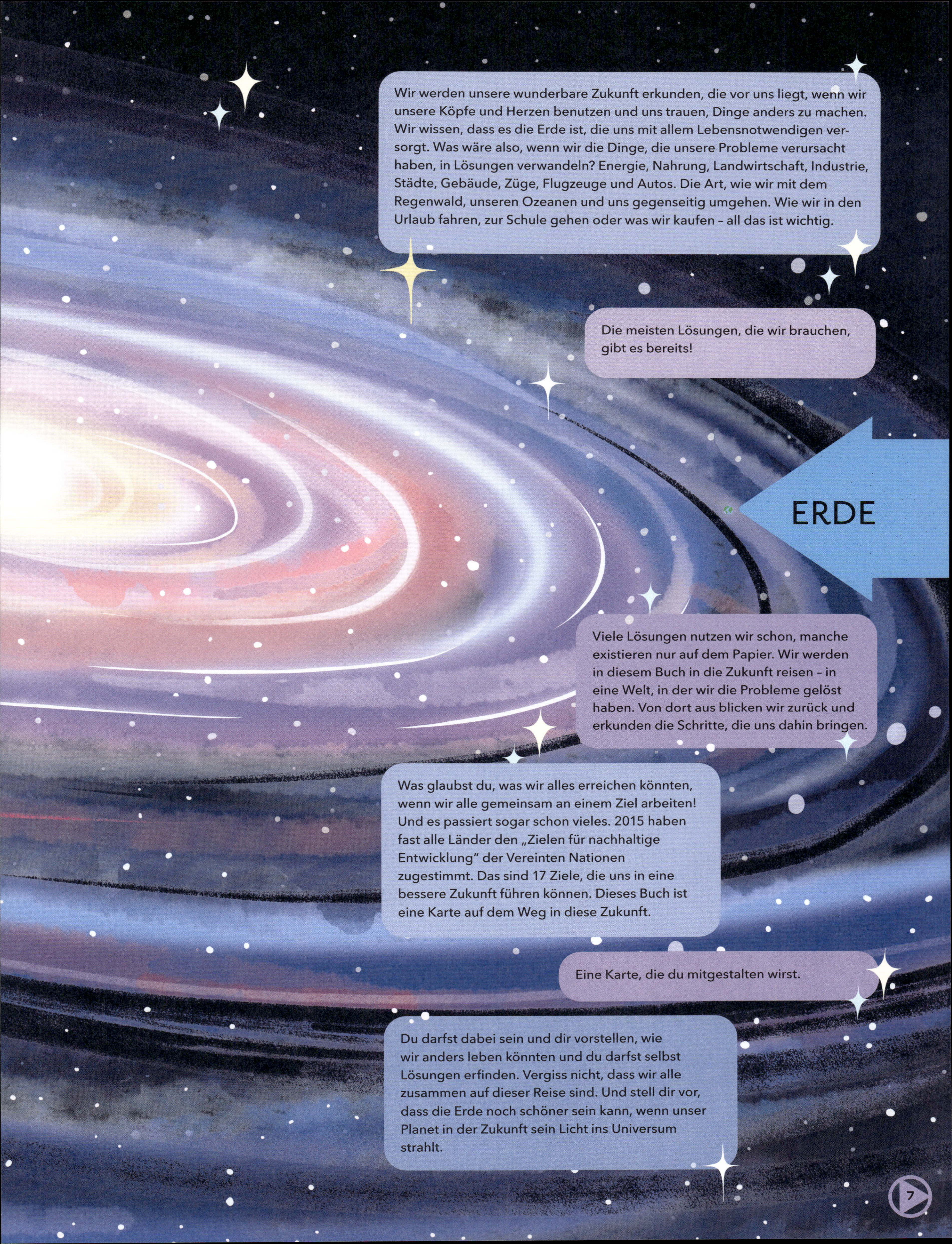

Viele Lösungen nutzen wir schon, manche existieren nur auf dem Papier. Wir werden in diesem Buch in die Zukunft reisen – in eine Welt, in der wir die Probleme gelöst haben. Von dort aus blicken wir zurück und erkunden die Schritte, die uns dahin bringen.

Was glaubst du, was wir alles erreichen könnten, wenn wir alle gemeinsam an einem Ziel arbeiten! Und es passiert sogar schon vieles. 2015 haben fast alle Länder den „Zielen für nachhaltige Entwicklung" der Vereinten Nationen zugestimmt. Das sind 17 Ziele, die uns in eine bessere Zukunft führen können. Dieses Buch ist eine Karte auf dem Weg in diese Zukunft.

Eine Karte, die du mitgestalten wirst.

Du darfst dabei sein und dir vorstellen, wie wir anders leben könnten und du darfst selbst Lösungen erfinden. Vergiss nicht, dass wir alle zusammen auf dieser Reise sind. Und stell dir vor, dass die Erde noch schöner sein kann, wenn unser Planet in der Zukunft sein Licht ins Universum strahlt.

DIE ZUKUNFT IST SCHÖN

DIESE WELT KÖNNEN WIR ERSCHAFFEN!

„Hallo und willkommen in der Zukunft! Lies weiter und finde heraus, wie unser Leben in den kommenden Jahren sein könnte …"

„Es war ein großer Schreck, als wir erfuhren, dass wir nur noch etwa zehn Jahre Zeit hatten, die Erwärmung unseres Planeten um mehr als 1,5 Grad zu verhindern! Doch dann haben wir alle zusammengearbeitet. Wir einigten uns, Erfolg daran zu messen, wie gesund unser Planet ist und wie gut für alle Lebewesen gesorgt ist. Jetzt sind wir sehr erfolgreich - sieh nur! "

„Die Menschen stellten fest, dass die meisten Probleme dadurch entstanden, dass sie immer nur zählten, wie viel Geld sie verdienten. Wenige von uns hatte das sehr reich gemacht, viele aber sehr arm. Und obwohl wir Dinge billig kaufen konnten, kostete uns dies fast unsere Erde."

„Jetzt stellen wir alles so her, dass es keinen Schaden anrichtet. Oder besser noch, der Erde dabei hilft, sich zu erholen. Wir nutzen nur Energie aus Sonne, Wind und Wasser. Unsere Landwirtschaft ist in Stockwerken angelegt und in den Städten versorgen ‚lebende' Gebäude sich selbst mit Energie. Statt Abgase produzieren sie saubere Luft."

„Zwar steigt der Meeresspiegel nicht mehr weiter an, aber unsere schwimmenden Städte haben wir behalten. Sie tragen dazu bei, dass alle ein Zuhause haben und bringen uns unseren Helden näher – den Ozeanen! Regenwälder und Meere stehen weltweit unter Schutz. Sie gelten als Schätze! Wir kümmern uns um alle Lebensräume und Lebewesen, die auch uns versorgen."

„Anders zu denken, hat diese wunderschöne Zukunft erst möglich gemacht. Ehrlich gesagt, wussten wir schon lange, was zu tun ist, und die meisten Lösungen waren sogar schon vorhanden. Also haben wir einfach angepackt und losgelegt!"

EINE VERBUNDENE WELT

Alles Leben auf der Welt ist miteinander verbunden. Unsere Erde ist ein lebender Planet und das, was in einem Teil der Erde oder einem Lebensraum geschieht, wirkt sich auch auf einen anderen Teil aus.

Im Laufe von vielen Milliarden Jahren hat sich das Leben auf der Erde immer wieder gewandelt und das Klima hat sich auf natürliche Weise verändert. Aber in den letzten Jahren haben wir Menschen die Erde mit unseren Aktivitäten aus dem Gleichgewicht gebracht.

DIE PROBLEME DER ERDE

Was verursacht diese Probleme?

Die Sonne sorgt für Wärme auf der Erde. Eis und Wolken werfen einiges von dieser Wärme als Licht zurück. Die restliche Hitze wird von unseren Ozeanen und dem Land aufgenommen und erwärmt diese. Ein Teil der Wärme entweicht wieder ins Weltall, aber die meiste Hitze wird von den Treibhausgasen in der Atmosphäre gespeichert. Die Atmosphäre kannst du dir wie eine schützende Hülle aus Gasen vorstellen, die unsere Erde umgibt.

Treibhausgase werden so genannt, weil sie die Wärme auf der Erde einschließen – so wie die Glaswände in einem Treibhaus.

Wir brauchen diese Gase, wie Kohlendioxid (CO_2), Methan und Wasserdampf, um die Erde auf der richtigen Temperatur zu halten.

Seit der Industriellen Revolution, gegen Ende des 18. Jahrhunderts, haben wir etwa 2.000 Gigatonnen* CO_2 in die Luft gepustet. Dies geschah, als wir begannen fossile Brennstoffe wie Kohle, Öl und Erdgas zu nutzen, um unsere Fabriken und Fahrzeuge anzutreiben oder unsere Häuser zu heizen. Immer mehr Treibhausgase gelangen dadurch in die Atmosphäre, sodass sie immer mehr Wärme auf der Erde einschließen.

*1 Gigatonne = Das Gewicht von 12,2 Milliarden Menschen (Zweimal so viel wie die Bevölkerung der ganzen Welt!)

Heute leben fast 8 Milliarden Menschen auf der Erde. Vor 100 Jahren waren es nur knapp über 1 Milliarde. Wir roden Land und holzen Wälder ab, um Städte zu bauen und Platz für all die Tiere zu haben, die uns als Nahrung dienen. Wälder sind jedoch Kohlenstoffsenken, das heißt sie nehmen CO_2 auf. Ohne Wälder ist noch mehr Wärme auf unserer Erde gefangen. Dazu geben tote Bäume den Kohlenstoff wieder ab, den sie einst gespeichert haben. Noch mehr Hitze!

Etwa die Hälfte des bewohnbaren Landes der Erde, nutzen wir für die Landwirtschaft. Und einen Großteil davon nur für die Zucht von Kühen. Doch wenn Kühe rülpsen oder pupsen, stoßen sie das Treibhausgas Methan aus. Noch mehr Hitze!

Die Ozeane nehmen große Mengen von Wärme auf. Sie sind die besten Kohlenstoffsenken unseres Planeten. Da die Erde immer heißer wird, speichern auch die Meere mehr Wärme als jemals zuvor. Dadurch wird das Wasser sauer, das heißt, sein ph-Wert sinkt. Dies schadet den Korallenriffen, die Kohlenstoff aufnehmen und die Ozeane gesund halten. Weil wir Menschen zu viele Fische und andere Lebewesen fangen, gibt es immer weniger Meeresbewohner, die dabei helfen, Kohlenstoff zu speichern. Noch mehr Kohlenstoff entweicht und die Erde wird wärmer.

GEFÄHRLICHE ACHTERBAHN

Steigt die Temperatur auf unserem Planeten, schmilzt das Eis an den Polkappen und in den Polarregionen. Das Eis kann dann die Hitze der Sonne nicht mehr ins All zurückwerfen. Durch das geschmolzene Eis steigt außerdem der Meeresspiegel.

Wenn wir weiter Treibhausgase in die Luft pusten und die natürlichen Kohlenstoffsenken zerstören, wird unser Planet sich immer mehr aufheizen. Auch in der Vergangenheit gab es sowohl Eiszeiten, als auch sehr warme Zeiten auf der Erde – sogar so warm, dass Dinosaurier am Südpol lebten! Das Problem ist nur, dass die Menge an Treibhausgasen, die wir in den letzten 100 Jahren an die Atmosphäre abgegeben haben, vergleichbar ist, mit Veränderungen, die Millionen von Jahren gedauert haben.

Wenn die Erderwärmung eine Achterbahnfahrt wäre, würde der Anstieg der Temperatur so aussehen:

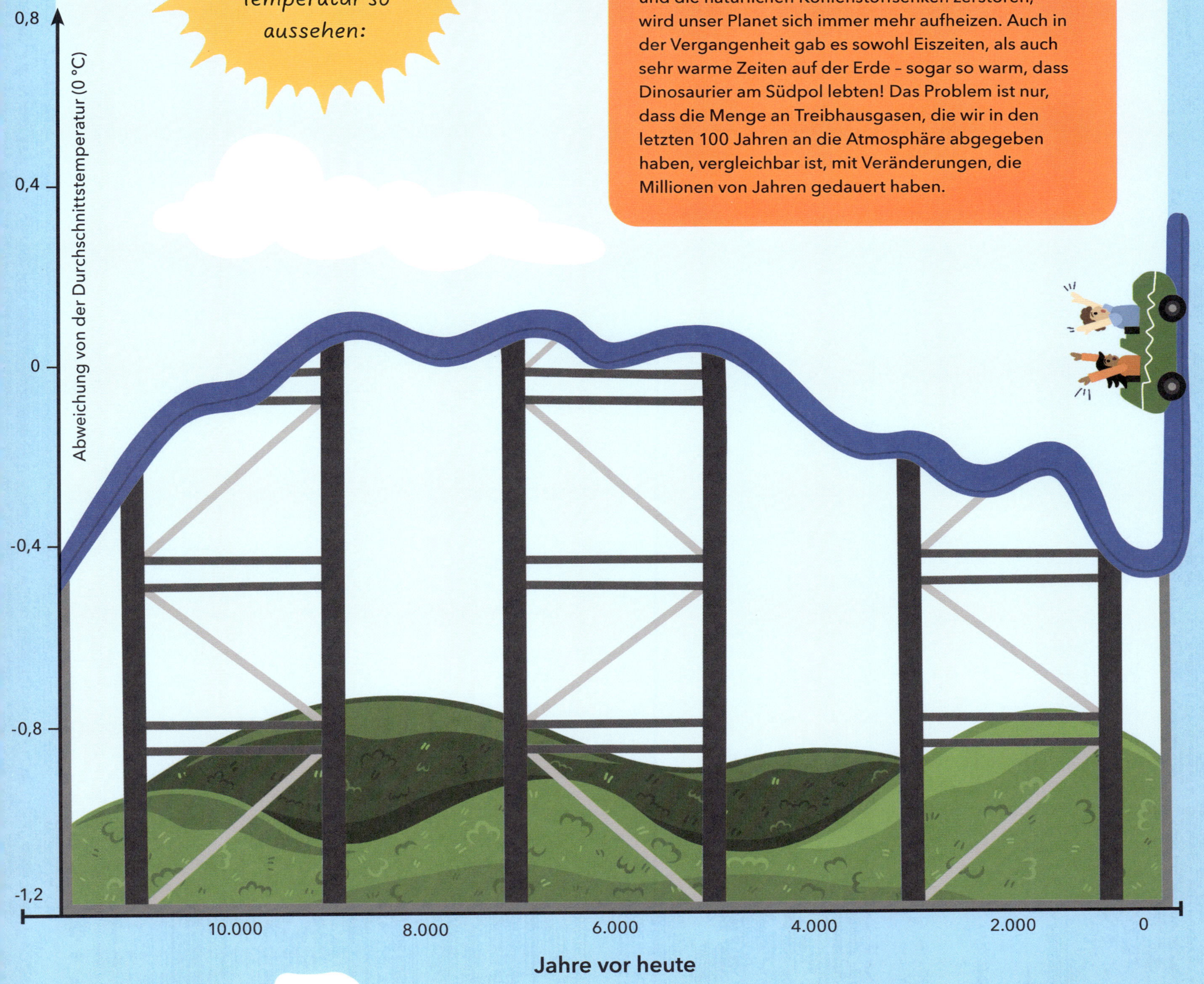

KREISLÄUFE DES LEBENS

Zu wissen, wie unser Planet funktioniert, hilft uns dabei, zu lernen mit ihm im Gleichgewicht zu leben. Was auch immer wir sein möchten – Landwirt*innen, Physiker*innen oder Filmschaffende – wir müssen es auf eine Weise sein, die keinen weiteren Schaden anrichtet. Oder noch besser, auf eine Art, die der Erde hilft, sich zu erholen!

Schauen wir uns zwei wichtige Kreisläufe an, um zu verstehen, wie wir mit ihnen zusammenarbeiten können.

Das Problem

Seit wir immer mehr Dinge mit fossilen Brennstoffen antreiben, haben wir in nur wenigen 100 Jahren die Menge an Kohlenstoff verbraucht und in die Luft gepustet, für die unsere Erde Jahrmillionen zum Speichern bräuchte. Das führt dazu, dass es auf der Erde zu heiß wird. Der Kohlenstoffkreislauf ist aus dem Gleichgewicht.

Die Lösungen

Indem wir unsere Energie anders erzeugen, können wir aufhören, noch mehr CO_2 an die Atmosphäre abzugeben.

Wir können CO_2 aus der Atmosphäre herausholen, indem wir uns um unsere Kohlenstoffsenken kümmern. Diese nehmen Kohlenstoff auf und verringern so die Menge an CO_2 in der Luft. Die größten natürlichen Kohlenstoffsenken sind Ozeane, Wälder, Pflanzen und Erdboden sowie Moore.

DER KOHLENSTOFF-KREISLAUF

Kohlenstoff ist ein Element, das entsteht, wenn Sterne explodieren. Er ist in jedem Lebewesen enthalten – auch in dir. Unsere Erde nimmt ständig Kohlenstoff auf, speichert ihn und gibt ihn wieder ab. So wie atmen. Kohlenstoff ist der wichtigste Baustein für alles Leben auf unserem Planeten. Für eine gesunde Erde brauchen wir genau die richtige Menge an Kohlenstoff in der Atmosphäre.

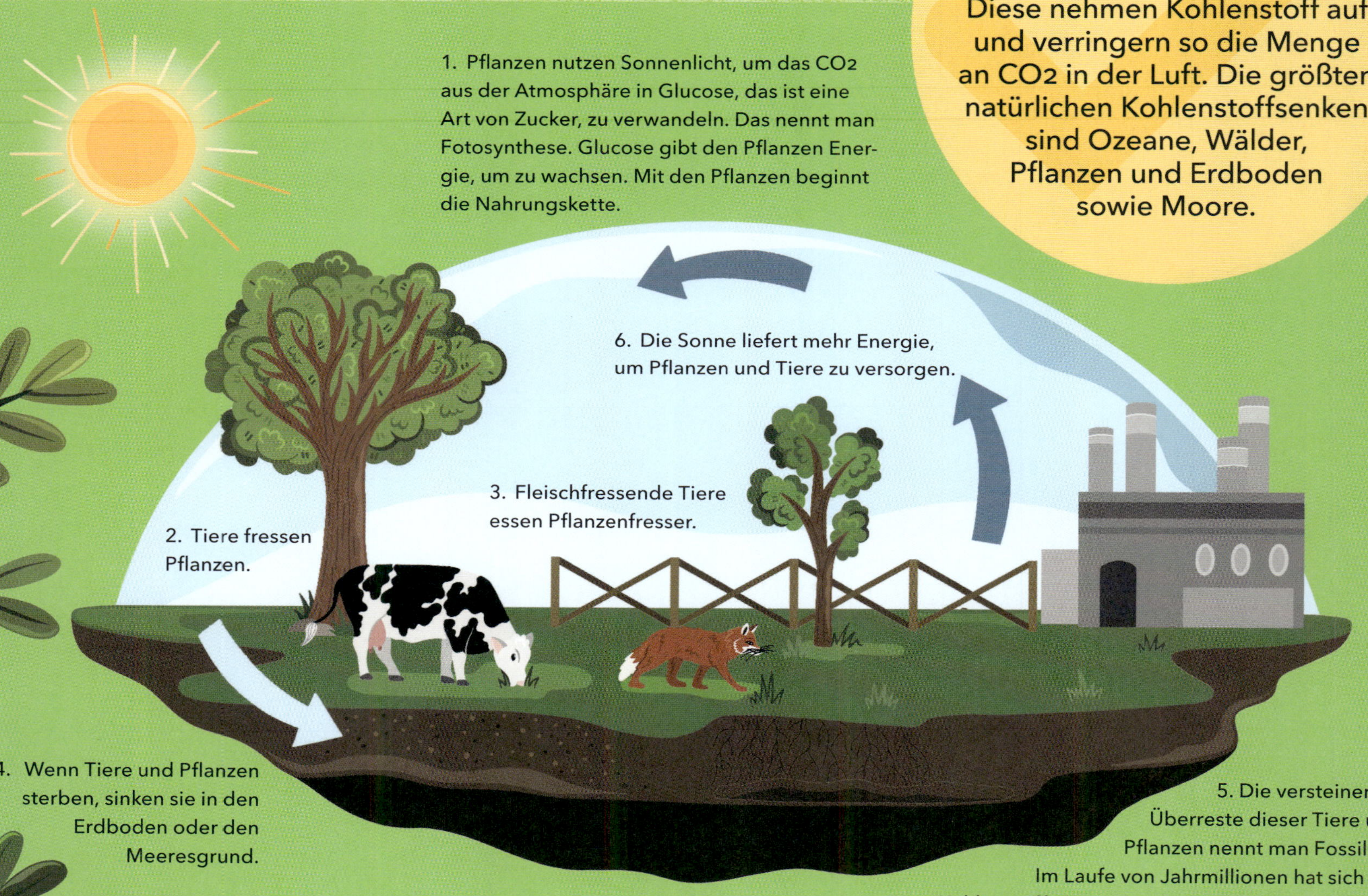

Pflanzenverdunstung
Pflanzen und Bäume geben über ihre Blätter Wasser an die Luft ab.

Verdunstung
Flüsse, Seen und Ozeane nehmen Sonnenwärme auf. Wenn das Wasser warm wird, verwandelt es sich in ein Gas namens Wasserdampf.

Kondensation
Wenn Wasserdampf hoch in den Himmel aufsteigt, kühlt er ab und wird wieder flüssig. Es bilden sich winzig kleine Wassertröpfchen, die sich zu Wolken zusammenschließen.

Niederschlag
Wenn sich sehr viele Wassertröpfchen zu Wolken zusammengeschlossen haben, werden diese irgendwann zu schwer, und das Wasser fällt als Regen, Graupel, Hagel oder Schnee zurück auf die Erde.

Sammeln
Das Wasser wird in Flüssen, Meeren, Seen und Pflanzen gesammelt – und der Wasserkreislauf geht von vorn los.

DER WASSERKREISLAUF

Was hast du mit einem Säbelzahntiger, Königin Kleopatra und Häuptling Sitting Bull gemeinsam?
Ihr trinkt dasselbe Wasser! Unsere Erde verwertet ihr Wasser nun schon seit über 4 Milliarden Jahren wieder.

Das Problem

Je mehr CO_2 in die Atmosphäre gelangt, umso wärmer wird es:

- Mehr verdunstetes Wasser ist in der Luft. Wärmere Luft kann mehr Wasserdampf aufnehmen. Dies kann zu schweren Regenfällen führen oder sogar zu Überflutungen.

- An einigen Orten wird die Luft trockener. Die Bäume und Pflanzen und sogar die Böden trocknen aus. Wenn es dann regnet, kann das Wasser in den harten Böden nicht versickern. Es fließt in Flüsse und Bäche und die Böden bleiben trocken. Die Gefahr von Dürren und Bränden steigt.

- Das Eis an Nord- und Südpol schmilzt. Dadurch wird mehr Wasserdampf an die Atmosphäre abgegeben. Es wird noch wärmer. Wenn das Eis schmilzt, gelangt außerdem mehr Wasser ins Meer. Das lässt die Meeresspiegel ansteigen und erhöht die Gefahr schwerer Überschwemmungen.

Die Lösungen

Weniger Wasser verbrauchen, kein Wasser verschwenden

Ausstoß von Treibhausgasen verringern

KLIMAWANDEL

Was passiert, wenn sich das Klima ändert – und sei es auch nur ein kleines bisschen?

Dies ist der traurigste Teil dieses Buchs. Aber er kann uns entschlossen machen, Dinge in Zukunft zu ändern. Genau darum geht es in diesem Buch.

Die weltweite Durchschnittstemperatur liegt heute etwa um ein Grad höher als zu Zeiten vor der Industriellen Revolution. Das hört sich wenig an, aber dieses eine Grad macht einen großen Unterschied. Es hat unseren Planeten bereits verändert.

All die unterschiedlichen Folgen und Veränderungen sind miteinander verknüpft. Um das Problem des Klimawandels zu lösen, müssen wir das Gleichgewicht überall auf der Erde wiederherstellen. Es geht nicht nur darum, den Ausstoß von CO_2 zu verringern, sondern wir müssen unsere Wälder, Flüsse, Ozeane und sämtliche Lebensräume pflegen und wiederherstellen. Ebenso müssen wir uns um die Menschen und alle Lebewesen kümmern. Nur wenn es all diesen Bereichen gut geht, ist unser Planet gesund.

FOLGEN DES KLIMAWANDELS

STÜRME, HURRIKANS UND TORNADOS

STEIGENDE MEERESSPIEGEL

DÜRREN

FEUER

HITZEWELLEN

SCHWERE REGENFÄLLE

DIE FOLGEN

Orte verschwinden
Durch den Anstieg der Meeresspiegel besteht die Gefahr, dass tief gelegene Gebiete, z. B. Pazifikinseln wie die Malediven oder die Fijis, komplett im Meer verschwinden. Städte wie Jakarta in Indonesien, New York in den USA, Shanghai in China und Den Haag in den Niederlanden könnten im Wasser versinken.

Arten sterben aus
Viele bedrohte Arten leben in Gebieten, die vom Klimawandel stark betroffen sind. Das Klima ändert sich rasant. Viele Tiere und Pflanzen können sich nicht so schnell anpassen. Über eine Million Arten sind mittlerweile vom Aussterben bedroht.

Wasser aus dem Gleichgewicht
Das veränderte Klima bringt alle Wasserkreisläufe aus dem Gleichgewicht und verursacht Überschwemmungen und Dürren. Mehr als 45 Millionen Menschen in 14 afrikanischen Ländern hatten 2019 wegen starker Regenfälle Schwierigkeiten, Nahrung zu finden. Und durch Überschwemmungen wurden in Bangladesch über 200.000 Menschen obdachlos.

Verwüstete Wälder und Gemeinden
Trockenheit, hohe Temperaturen und starke Winde sind eine tödliche Kombination für Wälder. 2019 und 2020 zerstörten Buschbrände in Australien 12,5 Millionen Hektar Wald – das entspricht der Größe Südkoreas. Fast 3 Milliarden Tiere starben oder verloren ihr Zuhause.

Polargebiete in Schwierigkeiten
Die Polarregionen am Nord- und Südpol spielen eine entscheidende Rolle dabei, unser Klima zu regeln. Das Eis am Südpol schmilzt 6-mal schneller als vor 20 Jahren. Das Meereis am Nordpol könnte in 15 Jahren weg sein.

Saure Ozeane
Unsere Ozeane nehmen so viel CO_2 auf, dass einige Gewässer sauer werden. Das hat nichts mit dem Geschmack des Wassers zu tun, sondern bedeutet, dass der ph-Wert des Wassers gesunken ist. Dies kann Korallenriffen und Meereslebewesen schaden. Über die Hälfte der Korallenriffe weltweit sind bereits verloren gegangen oder stark geschädigt.

Verlust von Land und Heimat
Nachdem eine Katastrophe ihr Zuhause und ihre Lebensgrundlage zerstört hat, müssen viele Menschen an einem neuen Ort oder sogar in einem anderen Land einen Platz finden, an dem sie leben können. Seit 2008 wurden etwa 22,5 Millionen Menschen durch klima- oder wetterbedingte Ereignisse vertrieben.

Gefahren für unsere Gesundheit
Luftverschmutzung durch Abgase, die bei der Verbrennung fossiler Brennstoffe entstehen, kosteten 2018 etwa 8,7 Millionen Menschen weltweit das Leben.

AUSWIRKUNGEN DES KLIMAWANDELS

Forschende sind sich einig, dass wir einige der schlimmsten Auswirkungen verhindern können, wenn es uns gelingt, die weltweite Durchschnittstemperatur bis zum Ende dieses Jahrhunderts um nicht mehr als ein halbes Grad ansteigen zu lassen.

Wenn wir das nicht tun, wird sich unser Planet bis zum Ende des Jahrhunderts um mehr als das Doppelte erwärmt haben. Und das wird tragische Folgen haben. Wissenschaftlerinnen und Wissenschaftler sind sich außerdem einig, dass wir die 1,5-Grad-Marke innerhalb der nächsten zehn Jahre überschreiten werden! Wir müssen also schnell handeln.

Die gute Nachricht ist: Wir haben bereits fast alle Lösungen ... wie du im Verlauf des Buches sehen wirst.

SUPERKRÄFTE
DIE ZUKUNFT DER ENERGIE

In deiner Zeit wird der Planet häufig geschädigt, um Energie zu erzeugen. Aber wenn ihr alle zusammenarbeitet, könnt ihr eine Zukunft wie diese haben …

„Letztes Jahr haben wir überall auf der Welt ein großes Fest gefeiert und einen neuen Feiertag eingeführt: den SONNENTAG. Er soll uns daran erinnern, dass jetzt fast die gesamte Energie auf unserem Planeten direkt von der Sonne kommt."

„Solarkraftwerke haben wir schon seit Ewigkeiten, aber der Durchbruch kam, als uns endlich die künstliche Fotosynthese gelang. Jetzt können wir flüssigen Treibstoff direkt aus Sonnenlicht herstellen!"

„All unsere Fahrzeuge können jetzt komplett mit ‚Sonne', so nennen wir den neuen Kraftstoff, angetrieben werden. Wir müssen nicht mehr in Minen nach Erzen für die Batterien von Elektrofahrzeugen graben. Aus den ehemaligen Minen machen wir Naturschutzgebiete."

„Unser neuer Kraftstoff ‚Sonne' liefert genug Energie, um schwere Fahrzeuge, wie Lastwagen, Frachtschiffe und Flugzeuge anzutreiben, sodass wir Biokraftstoffe und Wasserstoff bald nicht mehr benötigen. Seit wir so viel Energie zur Verfügung haben, ist die Welt viel friedlicher. "
„Wir haben die Ozeane gesäubert und Wälder gepflanzt. Bildung und Gesundheitsversorgung sind fast überall kostenlos. Viel weniger Menschen werden krank, der Klimawandel hat sich stabilisiert und es gibt mehr Süßwasser – genug für alle."
„Unsere neue Fotosynthese-Technik ist nicht teuer, also waren sich alle einig, dass der Kraftstoff ‚Sonne' umsonst sein soll. Es ist lustig, wenn man sich nicht um etwas streiten muss, wird man viel besser darin zu teilen!"

ENERGIE FÜR ALLE

Fast die gesamte Energie auf der Erde kommt aus einer einzigen Quelle: der Sonne.

Schon seit unser Planet vor vielen Milliarden Jahren entstand, hat die Sonne die Energie für alles Leben auf der Erde geliefert. Doch die Art wie wir Menschen diese Energie in den letzten 300 Jahren genutzt haben, hat zu ernsthaften Problemen in fast allen Bereichen auf der Welt geführt. Stell dir vor, Piraten würden ein Schiff erobern und wüssten nicht, wie man es steuert. Sie würden schon sehr bald auf Felsen auflaufen!

Unsere Fehler haben uns bescheidener gemacht, was unseren Platz auf diesem Planeten angeht. Und wir haben aus unseren Fehlern gelernt. Statt uns wie Piraten zu verhalten und das Schiff zu zerstören, wissen wir jetzt, dass neben uns noch viele andere erstaunliche Lebewesen zur Besatzung gehören. Indem wir lernen, Energie im Einklang mit der Natur zu nutzen, können wir viel sicherer in die Zukunft segeln.

ENERGIE KLUG NUTZEN

Störenfriede ...

Nicht erneuerbare Energieträger, wie z. B. Kohle, benötigen Millionen von Jahren, um zu entstehen. Bei ihrer Verbrennung werden Treibhausgase freigesetzt, die den Planeten aufheizen.

... und Problemlöser

Erneuerbare Energien können aus natürlichen Quellen, wie Wind oder Sonne, gewonnen werden, die immer reichlich vorhanden sind. Sie verursachen keine Treibhausgase.

NICHT ERNEUERBARE ENERGIEN

Öl, Kohle und Erdgas zählen zu den fossilen Brennstoffen. Sie werden in Kraftwerken verbrannt, damit Dampf entsteht, der Turbinen antreibt und so Strom erzeugt.

Kernkraft

Wenn Uran-Atome gespalten werden, wird dabei Wärme frei. Diese Wärme erzeugt Dampf, der Turbinen antreibt, die so Strom erzeugen. Uran ist ein seltenes Metall, das nicht ersetzt werden kann. Außerdem entsteht radioaktiver Müll, der extrem schädlich für alle Lebewesen ist und nur schwer entsorgt werden kann. Kernkraft ist eine sehr gefährliche Art Energie herzustellen.

ERNEUERBARE ENERGIE

Solar

Solarplatten nehmen Sonnenenergie auf und erzeugen so Strom, der an Haushalte und Gebäude geleitet wird. Überschüssige Energie wird ins Stromnetz eingespeist.

Wind

Windräder findest du auf Hügeln, offenen Flächen oder draußen im Meer – überall dort, wo Wind weht. Der Wind dreht die Flügel des Windrades, wodurch ein Generator angetrieben wird. Der wiederum verwandelt diese Bewegungsenergie in Strom. Über Stromleitungen gelangt der Strom dorthin, wo er benötigt wird.

Wasser

Fließendes Wasser treibt die Generatoren eines Wasserkraftwerks an. Die Generatoren verwandeln diese durch Bewegung entstandene Energie in Elektrizität.

Ebbe und Flut (Gezeiten)

Gezeitenengie ist nichts anderes als die Energie von Meereswellen. Die Bewegungsenergie der Wellen, die täglich bei Ebbe und Flut entstehen, wird durch einen Generator in Elektrizität verwandelt.

Geothermie

Sehr tief in der Erdkruste ist heißes Wasser gespeichert. In 2–3 Kilometern Tiefe liegt die Wassertemperatur zwischen 60 und 90 Grad. Das heiße Wasser wird hochgepumpt, und mit einem Wärmetauscher wird ihm die Hitze entzogen, um damit Haushalte und Gebäude zu heizen. Das abgekühlte Wasser wird zurück in die Tiefe gepumpt, damit es sich wieder aufheizt.

Biomasse

Als Biomasse wird jedes pflanzliche oder tierische Material bezeichnet, aus dem sich Strom erzeugen lässt. Werden natürliche Abfälle verbrannt, entsteht Dampf, der Turbinen antreibt. Doch dabei wird CO_2 freigesetzt, das die Luft verschmutzt. Aus vergorener Biomasse lassen sich feste, flüssige oder gasförmige Biokraftstoffe herstellen. Diese sind zwar sauberer als Öl, verursachen aber dennoch einige Emissionen.

Grüner Wasserstoff

Der meiste Wasserstoff wird aus fossilen Brennstoffen hergestellt – doch dabei entsteht CO_2. Grüner Wasserstoff dagegen kann produziert werden, indem elektrische Strömungen durch Wasser geleitet werden. Dabei bleibt nur harmloser Sauerstoff als Nebenprodukt übrig. In Verbindung mit Brennstoffzellen kann grüner Wasserstoff alles antreiben, was Strom braucht.

ZUKUNFT OHNE CO_2

Unter dem Namen *Cambridge Zero* hat sich eine Gruppe von Menschen zusammengeschlossen, deren Ziel es ist, eine Zukunft ohne CO_2 für unseren Planeten zu schaffen. Dazu haben sie Forschende und Erfinder*innen der Universität Cambridge und der ganzen Welt zusammengebracht. Gemeinsam suchen sie nach Lösungen, um fossile Brennstoffe zu ersetzen.

ENERGIE ZU VERÄNDERN, IST DAS WICHTIGSTE BEI DIESER ARBEIT

WIE KOMMEN WIR VON HIER:

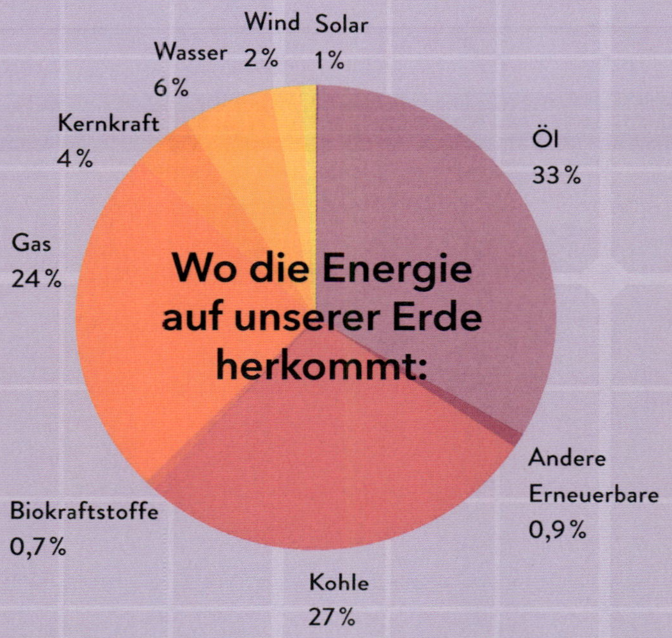

HIERHIN?

Das Sonnenlicht enthält genug Energie, um unsere Welt 1.000-mal anzutreiben!

Die Sonne ist die einzige Energiequelle, die uns wirklich im Überfluss zur Verfügung steht. Deshalb müssen wir unbedingt herausfinden, wie wir sie nutzen können, um unsere Welt mit Energie zu versorgen. Zwar verwenden wir auch heute schon Solarenergie, aber wir könnten noch mehr tun, um sie noch besser zu nutzen.

Cambridge Zero arbeitet an preiswerten Solarzellen, die mehr Sonnenenergie in Strom umwandeln. Dazu entwickeln sie spezielle Batterien, die diese Energie speichern können. So könnten Autos und Maschinen mit Sonnenlicht angetrieben werden!

ENERGIE MARSCH!

Hier sind nur einige der Möglichkeiten, mit denen die Forschenden von *Cambridge Zero* versuchen, unsere Energieversorgung umweltfreundlicher zu machen.

Energie zum Aufdrucken

Das Stranks-Labor forscht daran, wie wir die Kraft des Minerals Perowskit nutzen könnten. Perowskit ist eine Art Kristall, der in der Natur vorkommt, aber auch leicht im Labor hergestellt werden kann. Schon eine dünne Schicht davon genügt, um Energie zu erzeugen, und verbraucht 20-mal weniger Rohstoffe als derzeit genutzte Solarzellen aus Silizium – und es ist auch noch viel leichter. Stell dir vor, wir könnten einfach eine dünne Schicht Solarenergie auf Autos, Boote, Flugzeuge, Dächer oder Fenster aufdrucken und sie gleichzeitig als Solarzellen nutzen!

Von der Natur abgeguckt

In der Natur finden wir viele Ideen! Die Abteilung für Chemie an der Cambridge Universität ist dabei herauszufinden, wie wir Fotosynthese nutzen könnten – also den Vorgang, den Pflanzen betreiben, um aus Sonnenlicht Glukose (und damit Energie) für sich herzustellen. Auf diese Weise könnte man Sonnenlicht in sauberen flüssigen Kraftstoff für Fahrzeuge und Fabriken verwandeln. Das künstliche Blatt im Bild oben enthält eine Platte, die mit Sonnenlicht, Kohlendioxid und Wasser reagiert, um daraus Kraftstoff herzustellen.

Das fantastische Licht

Andere Forschende der Cambridge Universität erfinden neue Materialien. Galliumnitrid zum Beispiel ist eine künstlich hergestellte Substanz, die für den Bau von Glühbirnen mit niedrigem Energieverbrauch verwendet werden kann. Wenn wir Glühbirnen mit Galliumnitrid für alle Häuser und Büros nutzen würden, könnten wir unglaublich viele fossile oder Atomkraftwerke schließen. Stell dir vor, was das für einen Unterschied macht!

Elektrische Flugzeuge

Im Whittle-Labor entwickeln Ingenieur*innen leichte Flugzeuge, die ganz oder teilweise mit Strom angetrieben werden können. Außerdem arbeiten sie an neuartigen Düsentriebwerken, die viel weniger CO_2 ausstoßen.

ENERGIE-HELDEN

Dr. Beth Tennyson und **Dr. Stuart Mcpherson** vom Stranks-Labor der Cambridge Universität, haben ein Projekt ins Leben gerufen, bei dem sie direkt mit Schulen zusammenarbeiten: Großbritanniens angehende junge Forschende messen auf ihren Schulhöfen Sonnenlicht und Windgeschwindigkeit, um herauszufinden wie viel Energie damit erzeugt werden könnte, wenn Solarzellen oder ein Windrad aufgebaut würden. Anschließend werden die Ergebnisse mit denen anderer Schulen verglichen. So kann festgestellt werden, wo die besten Standorte für Solar- und Windenergie sind.

„Wie würdest du die Art, wie wir Engergie nutzen, verändern, um unserem Planeten zu helfen?

Was ist deine Superkraft?"

DIE ZUKUNFT UNSERER NAHRUNG

WIE WIR GUT ESSEN, OHNE DER ERDE ZU SCHADEN

Stell dir eine Zukunft vor, in der Lebensmittel im Überfluss vorhanden sind, und niemand hungern muss. Es ist möglich …

„Unseren Ozeanen geht es wieder richtig gut. Sie kühlen unseren Planeten und produzieren Sauerstoff für uns. Wir beuten die Meere nicht mehr aus, so konnten sich fast alle Korallenriffe und Meereslebewesen erholen. Außerdem verwenden wir für die Landwirtschaft keine Pestizide und Düngemittel mehr, sodass diese Stoffe nicht mehr in die Ozeane gelangen und sie vergiften."

„In der Zukunft isst niemand mehr wirklich Fleisch von Tieren. Wir nennen das ‚vorgeschichtliches Essen'!"

„Wir züchten Fleisch aus Zellen in Bioreaktoren, sodass keine Tiere mehr getötet werden müssen. Oder wir stellen ‚Fleisch' aus Pflanzen her. Dasselbe gilt für Eier, Milchprodukte und Fisch."

„Alle Menschen auf der Erde haben jetzt genug zu essen. Das größte Problem dabei ist, mit all den neuen Lebensmitteln Schritt zu halten, die wir ständig erfinden. Was für ein köstliches Problem!"

„Die Pflanzen, die wir anbauen, helfen dem Boden sich zu erholen und fruchtbarer zu werden. Oder unsere Felder sind in Stockwerken angelegt, sodass mehr Platz für wilde Flächen bleibt, die dazu beitragen, unseren Planeten kühl und gesund zu halten. Und weil wir nicht mehr die Hälfte des bewohnbaren Landes auf der Erde bewirtschaften, sind die Emissionen viel geringer und der Klimawandel hat sich stabilisiert."

„Unsere Wildtiere führen ein gutes glückliches Leben, da sie jetzt viel mehr Platz haben. Einige, die fast ausgestorben waren, sind zahlreich zurück. Wir haben sogar unglaubliche neue Arten entdeckt!"

GESUNDE LEBENSMITTEL FÜR ALLE

WAS IST DER BESTE WEG, UM UNSER GRÖSSTES PROBLEM ZU LÖSEN?

NAHRUNG!

Um Lebensmittel herzustellen, sind diese drei wichtigen Zutaten nötig: Land, Energie und Wasser. Da es mittlerweile so viele Menschen auf der Erde gibt und einige von uns reicher geworden sind, essen wir immer mehr Lebensmittel. Deswegen verbrauchen wir immer mehr von diesen drei Zutaten, die jedoch für alles Leben auf der Erde wichtig sind.

Wie lautet also das Rezept, um sicherzustellen, dass alle Menschen auf der Welt gut essen können – und zwar ohne dabei unserer Erde zu schaden?

Verschwendung

Fast ein Drittel aller Lebensmittel weltweit wird verschwendet. 50 Millionen Hühnchen werden jedes Jahr in den Müll geworfen und etwa 57 Millionen Liter Milch weggekippt. Und das allein in Großbritannien!

Tatsächlich könnten mit den 1,4 Milliarden Tonnen an Lebensmitteln, die weltweit jedes Jahr weggeworfen werden, 2 Milliarden Menschen ernährt werden!

ZU VIEL VOM KUCHEN

Wir nutzen die Hälfte der bewohnbaren Fläche auf der Erde nur für Landwirtschaft. Da die Erde ein zusammenhängendes lebendes Netzwerk ist, hat dies große Auswirkungen auf fast jeden Teil unseres Planeten. Diese Folgen zu verstehen, hilft uns etwas dagegen zu tun.

26 % der weltweiten Treibhausgase entstehen durch die Produktion von Lebensmitteln.

50 % der bewohnbaren Fläche unseres Planeten werden für Landwirtschaft genutzt.

70 % des Süßwassers auf der Erde verwenden wir für Landwirtschaft.

78 % der weltweiten Verschmutzung von Süßwasser und Ozeanen entsteht durch Düngemittel, die wir in der Landwirtschaft einsetzen.

94 % des Gewichts aller Säugetiere auf der Welt sind Nutztiere wie Kühe oder Schweine in einem landwirtschaftlichen Betrieb.

ALLES NUR ZUM AUFESSEN

Die meisten heute lebenden Säugetiere werden gezüchtet, um uns Menschen zu ernähren. Dadurch gibt es immer weniger andere Tiere und auch weniger Pflanzen, sodass das gesamte Ökosystem unserer Erde in Gefahr ist. Alles Leben auf der Erde ist bedroht – auch das von uns Menschen.

Jedes Jahr essen wir:

- 50 Milliarden Hühner
- 1,5 Milliarden Schweine
- 1 halbe Milliarde Schafe
- Über 400 Millionen Ziegen
- Etwa 150 Millionen Tonnen Fisch und andere Meerestiere

Heiße Sache!

Eine der Hauptursachen für den Klimawandel sind die Zucht von Tieren und die Ernte von Pflanzen, die wir essen. Außerdem trägt die Art und Weise, wie wir Lebensmittel verarbeiten, verpacken und zu den Märkten in aller Welt transportieren zum Klimawandel bei.

Die Emissionen, die bei der Fleischproduktion entstehen, entsprechen etwa denen aller Autos, Lastwagen und Flugzeugen der ganzen Welt zusammen!

Was ist das Problem mit dem Fleisch?

Dies ist die durchschnittliche Menge des Treibhausgases Kohlendioxid (CO_2), die du für 50 Gramm Eiweiß rechnen musst:

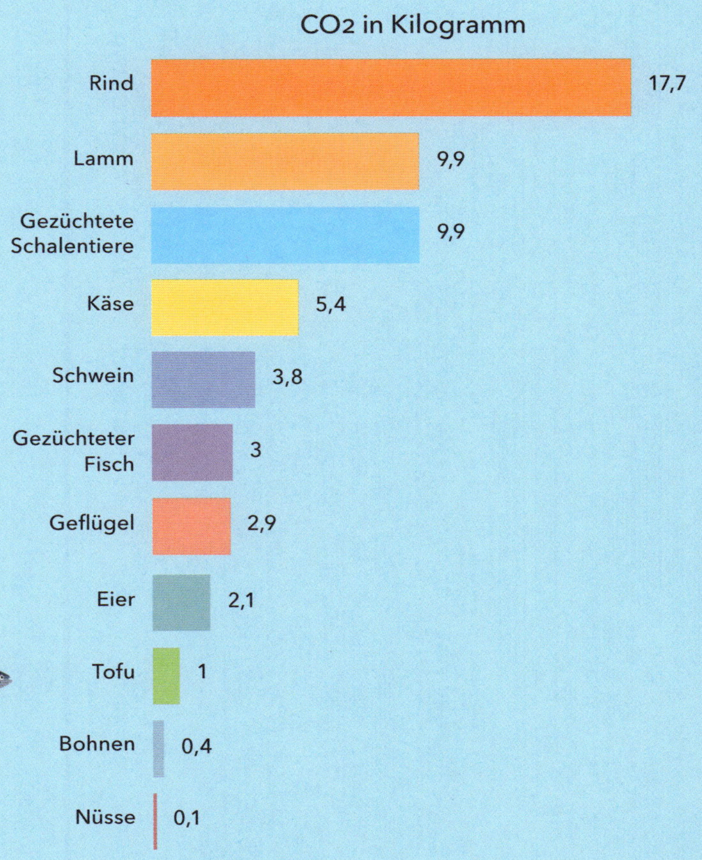

Wieso verursachen Rind- und Lammfleisch so viele Emissionen?

- Der Anbau von Futterpflanzen für diese Tiere braucht viel Land und Energie.
- Bei der Verdauung ihres Futters pupsen und rülpsen Kühe das Treibhausgas Methan aus.

DIE FLEISCHMASCHINE

Was hat Fleisch mit Regenwaldbränden, der Abholzung von Wäldern, und Viren zu tun?

- Industriell produziertes Fleisch ist die Hauptursache für die Abholzung von Wäldern.
- Mehrere Millionen Hektar von Regenwäldern wurden bereits abgeholzt, um Rinder zu züchten oder Futterpflanzen für Vieh anzubauen.
- Landwirt*innen brennen Waldflächen absichtlich nieder, um das Land nutzen zu können.
- Bäume, die CO_2 aufnehmen könnten, werden verbrannt, und setzen stattdessen Kohlenstoff frei.
- Die Zerstörung der Wälder zerstört den Lebensraum von Wildtieren und bringt sie näher an unsere Siedlungen und Städte. So kommen sie in engeren Kontakt mit Menschen, wodurch tödliche Viren von Tieren auf Menschen übertragen werden können.

REZEPTE FÜR EINEN GESUNDEN PLANETEN

Da es immer mehr Menschen auf der Welt gibt, müssen wir immer mehr Lebensmittel aus weniger Rohstoffen produzieren. Wir müssen ändern, was wir essen und wie wir Lebensmittel herstellen. Aber es lohnt sich! Indem wir unsere Nahrung mit Rücksicht auf die Erde auswählen, können wir Folgendes erreichen:

- Klimawandel verringern
- unsere Wälder und unser Süßwasser bewahren
- die Verschmutzung der Ozeane stoppen
- das Aussterben von Wildtieren und Meereslebewesen verhindern
- Das natürliche Netzwerk allen Lebens auf der Erde erholt sich.
- genug Nahrung für alle

DAS MENÜ FÜR EINEN GESÜNDEREN PLANETEN

Weniger Fleisch und Milchprodukte essen

Dies hätte die größten Auswirkungen, um Treibhausgase einzusparen. Wenn alle sich pflanzlich ernähren würden, bräuchten wir 75 % weniger Fläche für die Landwirtschaft als heute. Das entspricht ungefähr der Fläche von den USA, China und Australien zusammen.

Benötigte Fläche, um eine Person ein Jahr lang zu ernähren:

Eine Veganerin, die sich ausschließlich pflanzlich ernährt, benötigt etwa 670 Quadratmeter.

Ein Vegetarier, der Eier und Milchprodukte, aber kein Fleisch isst, verbraucht etwa 2.000 Quadratmeter.

Eine Fleischesserin benötigt etwa 12.000 Quadratmeter.

Anders Landwirtschaft betreiben

Heute wissen wir, wie wir das Land bewirtschaften können, um mehr Nahrung zu produzieren, aber weniger Schaden anzurichten.

Zum Beispiel so:

- **Regenerative Landwirtschaft:** Die industrielle Landwirtschaft mit ihren Düngemitteln hat die Böden ausgelaugt und die Meere verschmutzt. Bei der regenerativen Landwirtschaft werden Pflanzen angebaut, die dem Boden Nahrung geben. Kohlenstoff und Nährstoffe gelangen zurück ins Erdreich und machen den Boden fruchtbarer.
- **Vertikale Landwirtschaft:** Vertikale Farmen kannst du dir ähnlich wie Hochhäuser vorstellen. Die Pflanzen werden in übereinander liegenden Stockwerken angebaut. So wird weniger Land verbraucht. Außerdem wird Wildtieren und Umwelt weniger geschadet.
- **Kleine, lokale Bauernhöfe:** Höfe in deiner Nähe zu unterstützen, verringert Emissionen, die sonst beim Transport entstehen.
- **Viehhaltung verringern oder ganz abschaffen**

Es gibt bereits jede Menge Fleischersatz, der nicht von Vögeln oder Säugetieren stammt. Dazu zählt:

Kulturfleisch

Dieses Fleisch wurde im Labor gezüchtet.

Grüne Eier und grüner Schinken

Es gibt viel mehr pflanzliches Fleisch als Veggie-Burger! Vom Steak aus Pflanzen bis hin zu fleischlosen Pasteten ist alles bereits zu haben.
Unternehmen arbeiten sogar daran, jedes tierische Produkt, das wir heute verwenden, durch gentechnisch hergestellte pflanzliche Stoffe zu ersetzen.

Insekten sind die Rettung

Insekten sind reich an Eiweiß und in vielen Ländern ein beliebter Snack. Sie können auf vertikalen Farmen gezüchtet werden, sodass sie wenig Platz verbrauchen. Es müssen keine Wälder abgeholzt werden, um Fläche für Futterpflanzen und Viehweiden zu schaffen. Insekten können sogar mit Lebensmittelabfällen gefüttert werden.

Wie du zu Hause und in der Schule helfen kannst:

- aufessen, was noch im Kühlschrank ist
- Reste aufessen oder köstliche neue Gerichte daraus zubereiten
- einen Komposthaufen anlegen und so Nahrung für den Boden herstellen

ESSENS-HELDIN

Iseult Ward ist die Gründerin von FoodCloud. Das ist eine Organisation, die Lebensmittel, die sonst weggeworfen würden, an bedürftige Menschen verteilt. Lebensmittelgeschäfte nutzen die Online-Plattform, um dort Lebensmittel zu melden, die kurz vorm Verfallsdatum stehen.

„Ein neues Lebensmittel, eine neue Art der Landwirtschaft oder Nahrung teilen …

Wie würdest du einen zufriedenen Planeten ernähren?“

DIE KRAFT DER OZEANE

VOM MEER GERETTET

„Wenn wir uns für gesunde Ozeane einsetzen, können wir diese Zukunft wahr werden lassen ..."

„Hier in der Zukunft wissen wir alle, dass es nichts Wichtigeres gibt, als gesunde Ozeane. Wenn heute ein Kind geboren wird, bekommt es in der Regel den Namen eines Meereslebewesen als Zweitnamen. Dies soll helfen, uns immer daran zu erinnern, wie viel wir den Meeren verdanken."

„Als uns endlich klar wurde, wie wenig Zeit wir noch hatten, um den Klimawandel abzubremsen, pflanzten wird Mangroven, Seegraswiesen und Tangwälder. Dies stoppte die Erwärmung der Erde um mehr als 1,5 Grad. So hatten wir Zeit, auch alles andere in Ordnung zu bringen."

„Fast alle unsere Meere sind heute geschützt. Früher waren es kaum welche. Einige Regierungen erklärten sich bereit, 30% zu schützen. Aber warum nicht mehr tun?"

„Korallenriffe sind die vielfältigsten Lebensräume im Meer. Quallen-Roboter schwimmen regelmäßig vorbei, damit wir schnell handeln können, falls die Gefahr besteht, dass die Riffe zu warm werden."

"Die Blauwale sind zurück – ebenso wie Glattwale, Kalifornische Schweinswale, Rundschwanzseekühe, Echte Karettschildkröten, Maui-Delfine, Blauflossen-Thunfische, Malteser Rochen, Galápagos-Pinguine und viele mehr. Wir haben so viele Arten vorm Aussterben bewahrt, dass wir immer noch singen und tanzen!"

BEDROHTE OZEANE

Die Ozeane bedecken fast Dreiviertel unseres Planeten. Sie können tiefer sein als die höchsten Berge. Wenn es darum geht, gegen den Klimawandel anzutreten, dann kämpfen unsere Ozeane diese Schlacht wie Superhelden.

Unsere Meere produzieren mehr als die Hälfte des Sauerstoffs weltweit. Außerdem nehmen sie riesige Mengen an CO_2 auf – etwa 50-mal mehr als die Atmosphäre.

Seit dem Beginn der Industriellen Revolution haben die Ozeane vermutlich etwa 40 % aller CO_2-Emissionen aufgenommen. Jede Stunde schlucken sie mehr als 1 Millionen Tonnen von uns Menschen erzeugtem CO_2.

70% DER ERDE SIND OZEANE

1. Nordpazifik
2. Südpazifik
3. Nordatlantik
4. Südatlantik
5. Nordpolarmeer
6. Südpolarmeer
7. Mittelmeer
8. Ostsee
9. Indischer Ozean
10. Südchinesisches Meer
11. Nordpazifik
12. Südpazifik

DIE HITZE ERTRAGEN

Die Ozeane haben uns geschützt, indem sie große Mengen der überschüssigen Wärme auf unserem Planeten aufgenommen haben. Aber dies fordert einen hohen Preis. Denn die Meere werden krank, sie brauchen dringend eine Gelegenheit sich zu erholen.

Alles schmilzt

Heißere Ozeane bedeuten ein höheres Risiko für Extremwetter. Durch die Hitze dehnt das Wasser der Meere sich aus und Gletscher schmelzen. Dadurch steigt der Meeresspiegel und tiefgelegene Länder und Städte sind in Gefahr.

Nahrungsketten sterben

Wärme kann auch Meeresströmungen beeinflussen, die lebenswichtige Nahrung durch die Meere spülen. Am unteren Ende der Nahrungskette ist das Plankton betroffen. Das sind kleine Tierchen, wie Mini-Krebse, oder auch Pflanzenteilchen. Doch diese winzigen Leckerbissen sind Nahrungsgrundlage vieler Tiere. Ohne sie kann die gesamte Nahrungskette nicht überleben.

Säureangriff

Dass die Meere so viel CO_2 aufnehmen, führt dazu, dass das Wasser immer saurer wird. Dies ist schädlich für Muscheln und Korallenriffe, da die Säure die Muschelschalen auflöst und Korallen tötet.

Die Ozeane ersticken

Zu warme Meere enthalten weniger Sauerstoff. Denn in wärmerem Wasser löst sich der Sauerstoff weniger gut und verhindert, dass die Nährstoffe an die Oberfläche steigen. Ohne diese Nährstoffe produzieren die Ozeane weniger Sauerstoff. Ein Problem für uns Sauerstoff atmende Menschen!

HOCH UND TROCKEN

Welchen Unterschied macht es für die Ozeane, wenn die Erde auch nur ein halbes Grad wärmer wird?

Einen großen Unterschied!

	Was passiert bei 1,5 °C mehr	Was passiert bei 2 °C mehr	Wie schlimm wären über 2 °C wärmer?
Korallenriffe	Wir verlieren 70–90 %	Wir verlieren 99 %	Katastrophe! Alle Korallenriffe sind verschwunden!
Fischfang	Wir verlieren 1,5 Millionen Tonnen Fisch mehr	Wir verlieren 3 Millionen Tonnen Fisch mehr	Doppelt so schlimm
Arktisches Meereis	1 eisfreier Sommer alle 100 Jahre	Mindestens 1 eisfreier Sommer alle 10 Jahre	10-mal schlimmer
Anstieg des Meeresspiegels bis 2100	40 cm	46 cm	Höchstwahrscheinlich über 570 Städte unter Wasser

BLAUE MAGIE

Unsere Ozeane sind erstaunlich schön und einige der faszinierendsten Lebewesen der Erde sind in ihnen zu Hause. Die Meere besitzen eine Art Magie, die hilft, unseren ganzen Planeten im Gleichgewicht zu halten.

WELTBESTE KOHLENSTOFFSENKEN

Die Meere sind unsere besten Kohlenstoffsenken. Sie nehmen über ein Drittel des weltweiten CO_2-Ausstoßes auf, und helfen so, den Klimwandel zu verlangsamen. Hier erfährst du, wie sie das machen ...

- Winzige Pflanzen, das sogenannte Phytoplankton, nimmt CO_2 aus der Luft auf und verwendet es, um Fotosynthese zu betreiben. Wenn die Mini-Pflanzen absterben, sinken sie auf den Meeresgrund, und der Kohlenstoff ist dann dort eingeschlossen.
- Viele Meeresbewohner fressen das Phytoplankton. Und wenn sie sterben und auf den Grund sinken, bleibt der Kohlenstoff ebenfalls in ihren langsam versteinernden Körpern gespeichert.
- Zahlreiche Meeresleben stellen mithilfe von Kohlenstoff Kalziumcarbonat her, das sie als Baumaterial für ihre Schalen und Skelette nutzen.
- Ein Teil des CO_2 aus der Atmosphäre löst sich in den Meeren einfach auf.

BLAUER KOHLENSTOFF

Die Pflanzen an den Meeresküsten, wie Salzwiesen, Seegras oder Mangroven, nehmen Kohlenstoff sehr schnell auf – sogar schneller als tropische Regenwälder. Man nennt dies ‚Blauen Kohlenstoff'.

- Jedes Jahr nehmen die Pflanzen der Feuchtgebiete an den Meeresküsten genug Kohlenstoff auf, um die Verbrennung von 1 Milliarde Barrel Öl auszugleichen.
- Ein Hektar Mangrovenwald kann die Verbrennung von 726 Tonnen Kohle ausgleichen. Das entspricht etwa dem Gewicht von fünf Blauwalen!
- Ein Hektar Seegras kann doppelt so viel Kohlenstoff speichern wie ein durchschnittlicher Wald.
- Die Ozeane verringern die Menge an CO_2 auf unserem Planeten um die Menge, die jährlich entsteht, wenn man den Ausstoß aller Kohlekraftwerke weltweit zusammenrechnet.

WIE KÖNNEN WIR UNSERE OZEANE SCHÜTZEN?

Schutzgebiete einrichten
Wir müssen Lebensräume schaffen, in denen Fische geschützt leben und sich vermehren können. Dazu müssen wir die Überfischung abschaffen.

Industriellen Fischfang stoppen
90 % der großen Fische auf der Erde sind verschwunden. Bagger und das Fischen mit Schleppnetzen reißen den Meeresboden auf. Das zerstört Lebensräume und setzt den im Boden gespeicherten Kohlenstoff frei!

Nachhaltiger Fischfang
Wenn wir fischen, müssen wir genug Tiere im Meer zurücklassen, damit die Arten sich erholen können.

Düngemittel und Abwasser fernhalten
Dünger und Abwässer können ‚tote Zonen' verursachen, in denen kein Leben mehr möglich ist.

Weg mit dem Plastik
Zwei Millionen Tonnen Plastik landen jedes Jahr in den Ozeanen. Es zerstört Lebensräume und tötet Meeresbewohner.

Kein Lärm!
Der Krach von Booten und militärischen Explosionen kann die Lebewesen im Meer schwer schädigen.

OZEAN-HELDEN

Innandya Irawan, Agung Bimo Listyanu und **Jessica Novia** haben die Initiative *CarbonEthics* in Indonesien mitgegründet. Sie stellen Ökosysteme an den Küsten wieder her, die viel Kohlenstoff aufnehmen. So tragen sie dazu bei, die Klimakrise abzubremsen.

Wie du den Ozeanen helfen kannst:

- Sprich mit deinen Eltern und Lehrer*innen.
- Schreibe an Politiker*innen.
- Wenn du gern Fisch isst, achte darauf, dass er nachhaltig gefischt wurde.

„Wie würdest du helfen? Denke ruhig groß! Aber auch viele kleine Dinge können einen Unterschied machen!"

GENUG ZEUG!

EINE ZUKUNFT OHNE PLASTIK

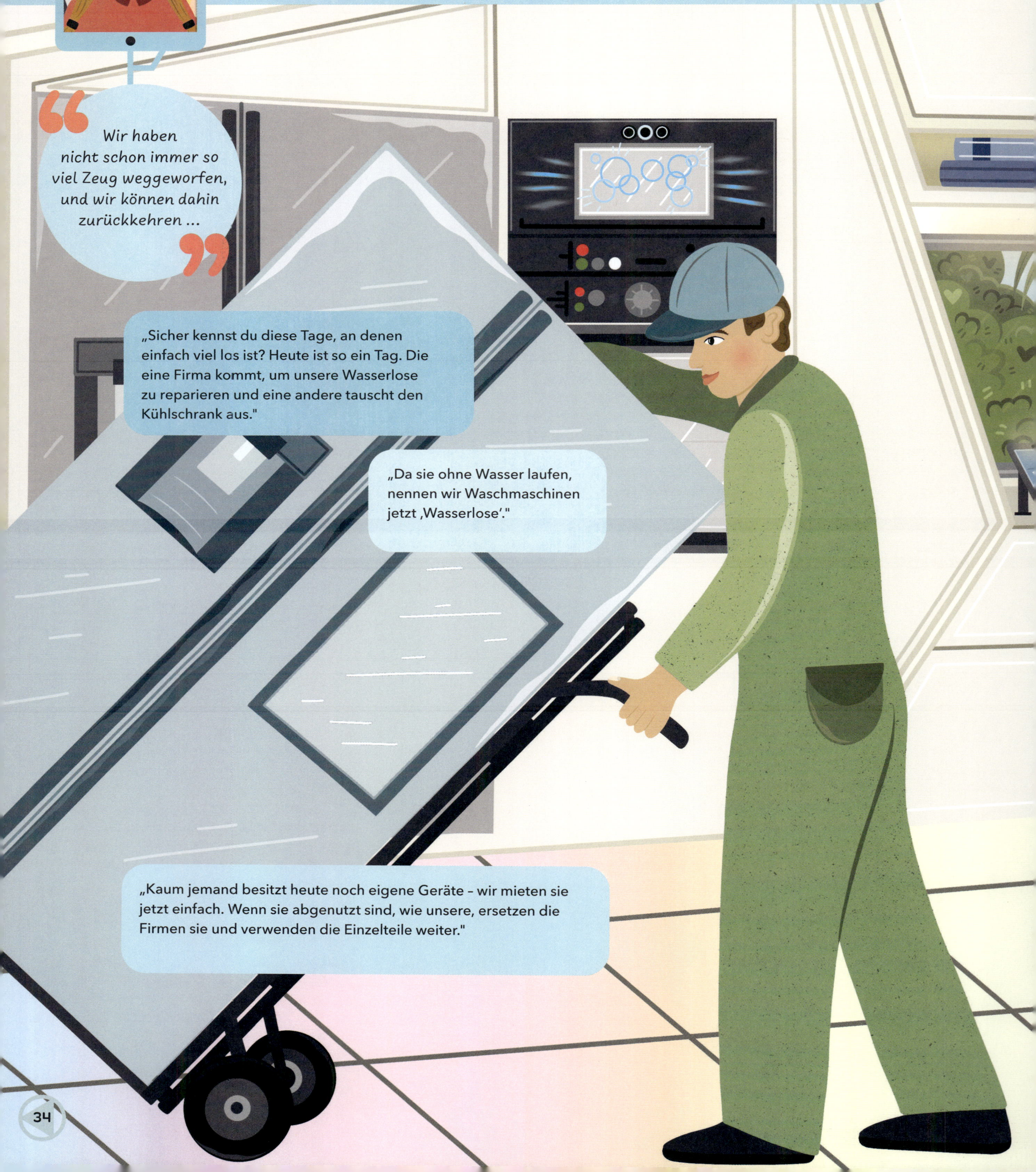

„Wir haben nicht schon immer so viel Zeug weggeworfen, und wir können dahin zurückkehren …"

„Sicher kennst du diese Tage, an denen einfach viel los ist? Heute ist so ein Tag. Die eine Firma kommt, um unsere Wasserlose zu reparieren und eine andere tauscht den Kühlschrank aus."

„Da sie ohne Wasser laufen, nennen wir Waschmaschinen jetzt ‚Wasserlose'."

„Kaum jemand besitzt heute noch eigene Geräte – wir mieten sie jetzt einfach. Wenn sie abgenutzt sind, wie unsere, ersetzen die Firmen sie und verwenden die Einzelteile weiter."

„Wir waren schockiert, als wir in der Schule lernten, dass die Menschen früher Plastik nur einmal benutzten und es dann wegwarfen. Das geht gar nicht! Heute brauchen wir kaum noch Plastik. In den Supermärkten ist alles entweder zum Nachfüllen erhältlich oder in einer kompostierbaren Verpackung."

„Das meiste Plastik ist sowieso biologisch abbaubar, genauso wie manche unserer Kleidungsstücke. Leute, die gern die neueste Mode tragen, bauen sie normalerweise selbst an, tragen sie eine Weile, kompostieren sie dann und bauen neue an!"

„Auch bei der Nutzung unserer Handys sind wir schlauer geworden. Normalerweise behalten wir ein Handy etwa zehn Jahre. Da sie alle dasselbe Betriebssystem haben, lässt sich problemlos jedes Update aufspielen. In jedem Handyvertrag ist die Herstellung aus wiederverwertbaren Teilen festgelegt – und zwar ohne, dass dabei jemandem oder unserem Planeten geschadet wird."

EINE WELT VOLLER ABFALL

Alles besteht aus Kreisläufen: Ein Lebewesen ist Nahrung für ein anderes. Wenn ein Lebewesen stirbt, wandert es in die Erde. Dort nimmt der Boden seine Nährstoffe auf und etwas Neues kann wachsen. Die Sonne liefert Energie ohne unsere Luft oder Gewässer zu verschmutzen. Nichts wird weggeworfen, nichts nimmt mehr auf, als es braucht. Alles in der Natur verwandelt und erholt sich ständig in magischen Kreisläufen.

Wenn wir lernen, wie diese Magie funktioniert, können wir sie nutzen, um einige unserer größten Probleme zu lösen.

DAS PROBLEM MIT ALL UNSEREM ZEUG

Uns wird beigebracht, uns selbst als Verbrauchende zu betrachten. Uns wird gesagt, wir seien glücklicher, umso mehr Dinge wir besitzen, oder andere würden dann mehr von uns halten. Die Wirtschaft der meisten Ländern beruht darauf, dass die Menschen möglichst viele Waren und Dienstleistungen kaufen. Regierungen messen ihren Erfolg daran, wie stark die Wirtschaft im Land wächst, oder wie viele Dinge verkauft und gekauft wurden. Dabei berücksichtigen sie nicht, ob diese Dinge den Menschen und unserem Planeten geholfen oder geschadet haben.

Unser Krempel ...

- verursacht riesige Mengen an Abfall,
- verbraucht natürliche Rohstoffe,
- erzeugt Abgase und Verschmutzung.

Wenn alle auf der Welt so leben würden wie wir in den westlichen Ländern, dann bräuchten wir fünf Planeten, um uns zu versorgen und unseren Müll aufzunehmen. Die meisten Länder verbrauchen Rohstoffe im Wert von mindestens drei Planeten.

Unsere Erde entstand vor etwa 4,5 Milliarden Jahren.

Moderne Menschen existieren erst seit etwa 315.000 Jahren.

Allein in den letzten 30 Jahren haben wir Menschen über ein Drittel der natürlichen Rohstoffe unserer Erde verbraucht!

Jedes Jahr werfen wir über 2 Milliarden Tonnen Abfall weg. Das liegt zum Teil daran, dass 99 % der Dinge, die wir kaufen, innerhalb von sechs Monaten in den Müll wandern.
Wenn wir all diesen Müll auf LKWs laden würden, wären es so viele, dass sie aneinandergereiht 24-mal die Erde umrunden könnten.

Ein magischer Kreislauf

Was wäre, wenn wir nur Dinge kaufen würden, die wir wirklich brauchen, und nur Dinge herstellen, die nicht nur weniger schädlich für unseren Planeten sind, sondern ihm sogar gut tun? Wie wäre es mit einem Auto, dass die Luft reinigt, während es fährt? Oder mit einem Haus, das mehr grüne Energie produziert, als es verbraucht?

Im Moment stellen wir die Dinge nicht in einem Kreislauf her, sondern in einer Abfolge – einer Linie.

- Wir **NEHMEN** Rohstoffe von der Erde ...
- **MACHEN** daraus Dinge ...
- Dann **WERFEN** wir sie **WEG**, wenn sie kaputt gehen oder wir sie nicht mehr wollen.

2019 wurden auf der Welt zum Beispiel 54 Millionen Tonnen Elektroschrott erzeugt. Das entspricht dem Gewicht von etwa 54 Millionen Wasserbüffel!
In diesem Schrott befanden sich Gold, Platin und andere Edelmetalle im Wert von mindestens 10 Milliarden US-Dollar.

Warum gestalten wir Dinge nicht so, dass ihre Einzelteile, oder die Materialien aus denen sie bestehen, nach Gebrauch dafür genutzt werden können, um etwas anderes herszustellen oder sie sich unschädlich in der natürlichen Umwelt zersetzen?

NACHHALTIGE GESCHÄFTSIDEEN

Dies wird als Kreislaufwirtschaft bezeichnet. Moderne, fortschrittliche Unternehmen entwerfen ihre Produkte bereits in dieser Weise und versuchen, eine bessere Welt zu schaffen.
Patagonia zum Beispiel ist ein Unternehmen, dass seine Kund*innen bittet, nur Kleidung zu kaufen, wenn dies wirklich notwendig ist. Das Unternehmen bietet an, kaputte Kleidung zu reparieren oder ein neues Zuhause für alte Kleidung zu finden.

Die Firma *Interface* hat es sich zur Aufgabe gemacht, unserer Erde zu helfen, sich zu erholen und zu erneuern. Sie machen Bodenbeläge aus recycelten Materialien. Dazu nutzen sie alles, von Windschutzscheiben bis zu alten Fischernetzen. Diese Art von Recycling kann auch armen Menschen helfen, Geld zu verdienen und die Meereslebewesen vor Schaden zu bewahren.

WIE VERSCHWENDEN WIR WENIGER?

Das Wort Ökonomie (Wirtschaft) kommt aus dem Griechischen und bedeutet „das Haus verwalten".

Unser Planet ist unser Haus. Je besser wir verstehen, wie unsere Welt funktioniert, desto klarer wird, dass wir eine andere Wirtschaft brauchen, andere Wege, das Haus zu verwalten. Wir wissen, die Art, wie wir Dinge herstellen und wie wir Geld verdienen, zerstört die natürliche Welt um uns herum. Genau die natürliche Umwelt, von der wir abhängig sind, da sie uns am Leben hält. Wir können uns nicht auf eine Wirtschaft verlassen, deren Grundlage unbegrenztes Wachstum ist, wenn die Rohstoffe auf unserem Planeten nicht grenzenlos vorhanden sind. Du musst nicht besonders gut in Mathe sein, um zu erkennen, dass diese Rechnung nicht aufgeht. Was passiert, wenn die Rohstoffe auf unserem Planeten ausgehen?

EINEN DONUT HERSTELLEN

Zum Glück haben kluge Wissenschaftler*innen wie **Kate Raworth**, Ideen, die uns helfen, unser Haus besser zu verwalten. Kate zeigt uns wie man einen Donut macht.

- Das Loch in der Mitte des Donuts ist der „Ort" in den die Menschen fallen, wenn sie nicht genug von den Dingen haben, die jeder Mensch zum Leben braucht, wie Nahrung, Geld, Wasser, Bildung und gesundheitliche Versorgung.

- Der Donut selbst ist der „Ort", von dem wir möchten, dass alle Mensche sich dort befinden. Denn es ist ein freundlicher sicherer Ort für uns alle. Hier können wir gut leben. Wir kümmern uns um den Planeten und teilen unseren Wohlstand gerecht auf.

- Wir wollen alle aus dem Loch in der Mitte herausholen. Alle sollen auf dem Donut sein. Und genau das müssen wir schaffen, ohne zu viele Rohstoffe zu verbrauchen und dadurch Probleme mit den Grenzen unseres Planeten zu bekommen. Die Grenzen kannst du auf dem Ring außerhalb des Donuts sehen.

- Der äußere Ring hält den Donut in Form. Wenn wir diese Grenzen zu stark überschreiten, entstehen Folgen wie Klimawandel, Artensterben oder saure Ozeane. Der ganze Planet gerät dann aus dem Gleichgewicht.

Unsere Herausforderung im 21. Jahrhundert ist es, besser darin zu werden, den Donut herzustellen, damit wir alle ein gutes Leben führen können.

Das ist der Donut:

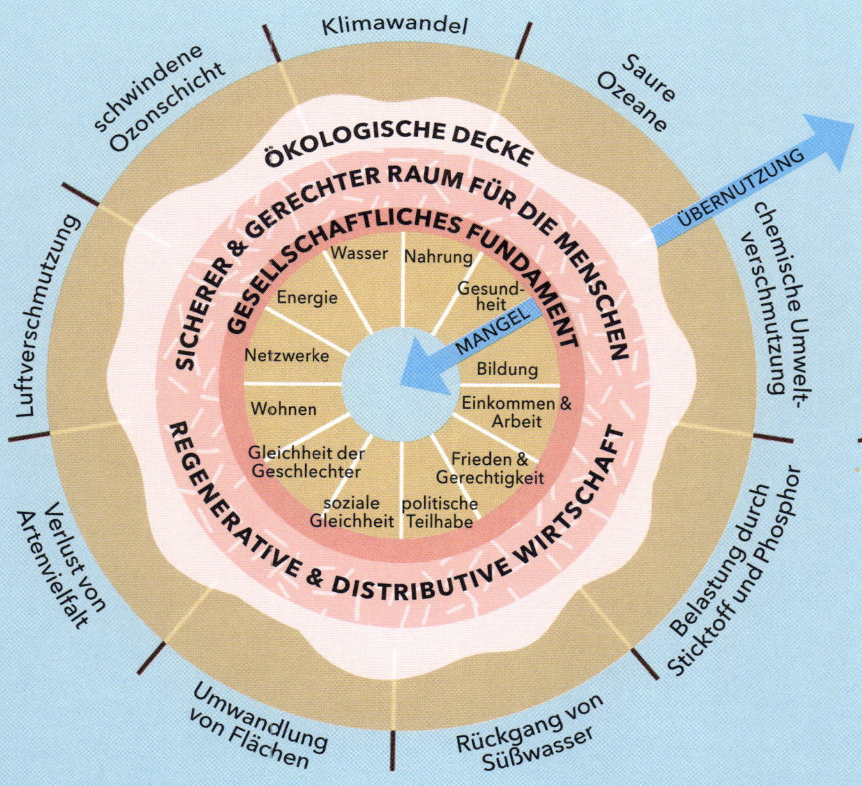

Im Moment sind wir darin noch nicht besonders gut. Unser Donut sieht so aus:

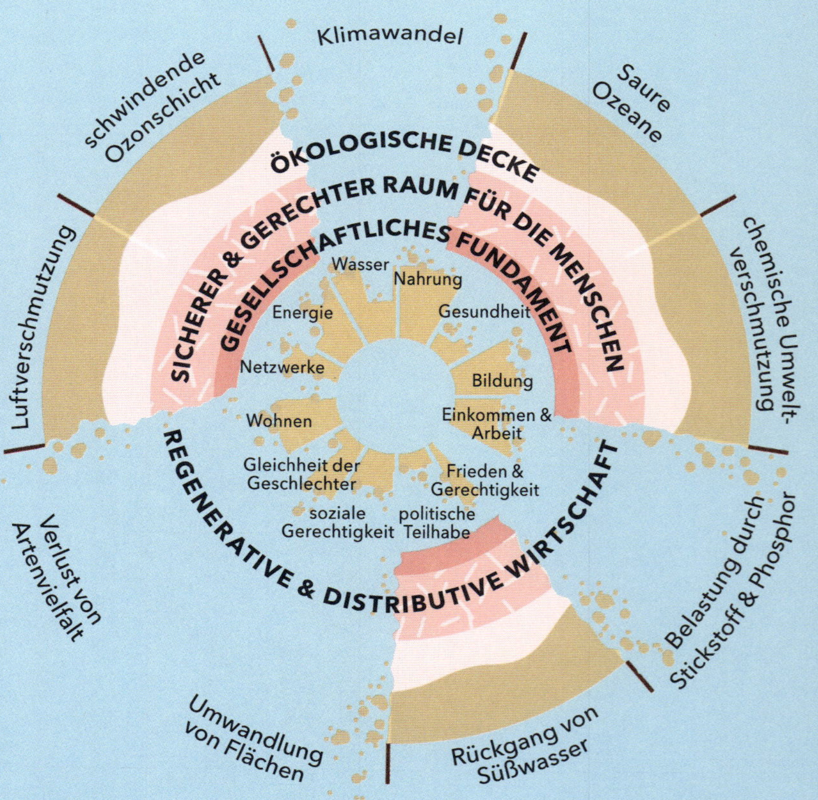

Milliarden von Menschen befinden sich im „Loch" des Donuts und wir haben mindestens vier der Grenzen unseres Planeten bereits überschritten:

- **Klimawandel**
- **Verlust der Artenvielfalt**
- **Umwandlung von Flächen**
- **Übermäßiger Einsatz von Dünger** verschmutzt die Luft und schädigt Ozeane und Süßwasser. (Belastung durch Stickstoff und Phosphor)

SICHERE GRENZEN

Alle Menschen auf der Welt müssen das bekommen, was sie zum Leben brauchen, aber wir dürfen dabei nicht die sicheren Grenzen unserer Erde überschreiten. Die gute Nachricht ist: Wir wissen schon, dass wir das schaffen und alle dazu beitragen können.

Unternehmen können es – indem sie ihre Arbeitsweise auf Kreislaufwirtschaft umstellen. Rohstoffe werden so sinnvoller genutzt und Wohlstand gerechter verteilt.

Regierungen und Banken können es – indem sie solche Unternehmen unterstützen, anstatt ihr Geld in fossile Brennstoffe und schädliche Firmen zu stecken.

Wir können es – indem wir bei diesen Unternehmen kaufen oder, wenn wir erwachsen sind, solche Firmen gründen oder für sie arbeiten. Darüber hinaus können wir helfen, indem wir nur Dinge kaufen, die wir brauchen.

Die Magie beginnt zu wirken
Nicht nur Firmen wie Interface und Patagonia, sondern auch Länder wie Costa Rica und Städte wie Amsterdam, lernen, wie man einen Donut macht. Mit der Donut-Ökonomie und einer Kreislaufwirtschaft, können wir es schaffen, nach dem Vorbild der Natur zu wirtschaften.

RECYCLING-HELDEN

Als **Madhav Datt** acht Jahre alt war, gründete er an seiner Schule in Indien einen Umwelt-Club mit dem Namen Green the Gene. Heute ist dieser Club eines der größten nur von Jugendlichen geführten Unternehmen der Welt. Mit über 7.000 Freiwilligen in 62 Ländern werden preiswerte technologische Lösungen für Gemeinden vor Ort entwickelt, die mit Umweltproblemen zu kämpfen haben. Zu diesen genialen Lösungen zählen zum Beispiel das Recycling von Swimmingpool-Wasser und das Pflanzen von Millionen von Bäumen.

Was meinst du, wie wir besser darin werden könnten, einen guten Donut zu machen? Wenn du ein Unternehmen gründen würdest, was würde sein Zweck sein?

ZIELORT: GLÜCKLICHER PLANET

DIE ZUKUNFT DES REISENS

Es gibt so viele Möglichkeiten wie wir den Verkehr verbessern können. Stell dir eine Welt wie diese vor ...

„Dieses Jahr gehen wir wie gewohnt mit einem Luftschiff auf ‚Reisen', um den Oliv-Bastardschildkröten zu helfen, sich zu erholen. Durch die Lüfte zu schweben ist wundervoll entspannend und mit Solarantrieb ist es auch so friedlich."

„Wir legen im Hafen an und fahren dann mit der Fähre zur Schildkröten-Insel rüber. Wenn der Wind günstig ist, segeln wir, wenn nicht, schaltet sich der ‚Vielfraß' ein. Wir nennen den Motor ‚Vielfraß', weil er mit Lebensmittel-Abfällen angetrieben wird."

„Da wir jetzt ‚automatische Autos' haben, die uns abholen, wenn wir sie brauchen, und es ein weltweites umweltfreundliches öffentliches Verkehrsnetz gibt, will niemand mehr ein eigenes Auto haben. Deshalb gibt es jede Menge alter recycelbarer Elektro-Autos. Wir werden dafür bezahlt, dass wir die Einzelteile sortieren und etwas anderes daraus bauen."

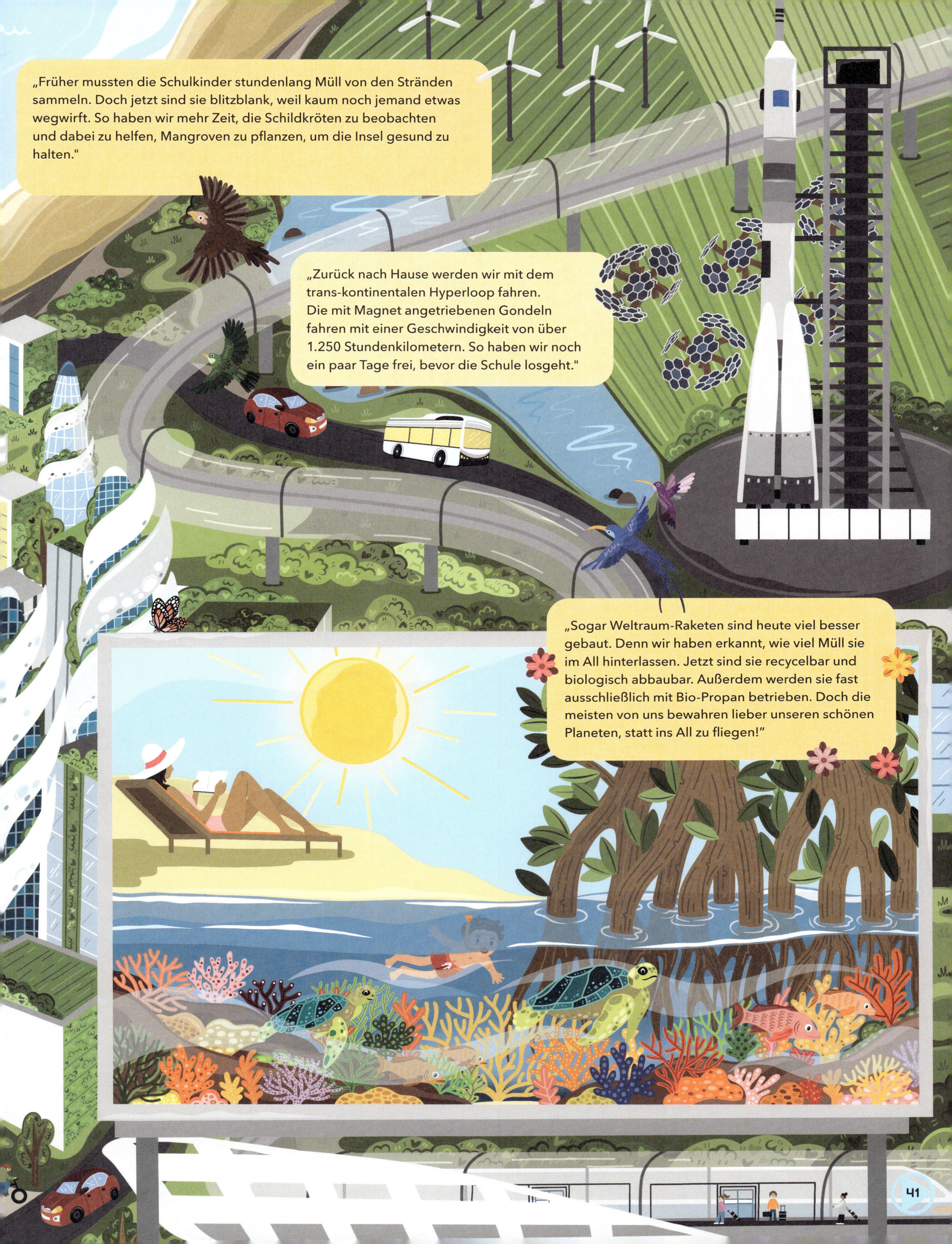

„Früher mussten die Schulkinder stundenlang Müll von den Stränden sammeln. Doch jetzt sind sie blitzblank, weil kaum noch jemand etwas wegwirft. So haben wir mehr Zeit, die Schildkröten zu beobachten und dabei zu helfen, Mangroven zu pflanzen, um die Insel gesund zu halten."

„Zurück nach Hause werden wir mit dem trans-kontinentalen Hyperloop fahren. Die mit Magnet angetriebenen Gondeln fahren mit einer Geschwindigkeit von über 1.250 Stundenkilometern. So haben wir noch ein paar Tage frei, bevor die Schule losgeht."

„Sogar Weltraum-Raketen sind heute viel besser gebaut. Denn wir haben erkannt, wie viel Müll sie im All hinterlassen. Jetzt sind sie recycelbar und biologisch abbaubar. Außerdem werden sie fast ausschließlich mit Bio-Propan betrieben. Doch die meisten von uns bewahren lieber unseren schönen Planeten, statt ins All zu fliegen!"

EINE SPANNENDE REISE

Vermutlich hat nichts das Schicksal unseres Planeten so beeinflusst, wie das Reisen – sei es zur Erforschung und Entdeckung fremder Länder, um zu Handeln, andere Länder zu erobern, Krieg zu führen oder schlicht, um Urlaub zu machen.

Unsere Verkehrsmittel haben der Menschheit geholfen, immer neue Regionen zu entdecken. Vom ersten, aus einem Baumstamm geschnitzen Boot bis zum gewaltigen Segelschiff, vom Pferd bis zur Dampfeisenbahn, von Kutschen zu Autos, von Zügen zu Flugzeugen zu Raketen, wird unsere Fantasie stets davon beflügelt, wie wir uns auf unserem Planeten fortbewegen können.

Selbst unbekannte Galaxien im All haben wir tiefer erforscht als jemals zuvor. Aber wir wissen, dass wir unsere Art zu reisen ändern müssen, damit die Erde ein gesunder Teil dieses unglaublichen Universums bleibt. Und dazu gibt es unbegrenzte neue Möglichkeiten. Wer könnte sich eine spannendere Reise wünschen?

Top-Tipps für umweltfreundliches Reisen

- **Reise mit Bussen, Zügen oder anderen öffentlichen Verkehrsmitteln, um Umweltverschmutzung und Staus zu vermeiden.** Halte dabei nach elektrisch betriebenen Fahrzeugen Ausschau.
- **Radfahren oder laufen?** Bewegungsmagel tötet jedes Jahr über 5 Millionen Menschen. Das ist fast so viel wie durchs Rauchen sterben. Dazu kommt, dass 60 % aller Autofahrten unter 3 Kilometern liegen.
- **Hol dir „E-xtra"-Schwung!** Elektro-Fahrräder sind toll für lange Strecken und können schwere Lasten transportieren.
- **Bleibe vor Ort und mach langsam.** Erkunde im Urlaub deine Heimatregion – zu Fuß, mit dem Fahrrad oder auf dem Wasser.

WIE GROSS IST DEIN FUSSABDRUCK?

Dein CO_2-Fußabdruck zeigt die Menge an Treibhausgasen an, die durch dein Verhalten in die Atmosphäre gelangt: zum Beispiel durch die Verkehrsmittel, die du benutzt, oder wie ihr zu Hause heizt.

Etwa ein Viertel des gesamten CO_2-Ausstoßes in der Atmosphäre wird durch den Verkehr verursacht. Entscheidest du dich für ein umweltfreundliches Verkehrsmittel, entscheidest du dich gleichzeitig für eine bessere Zukunft.

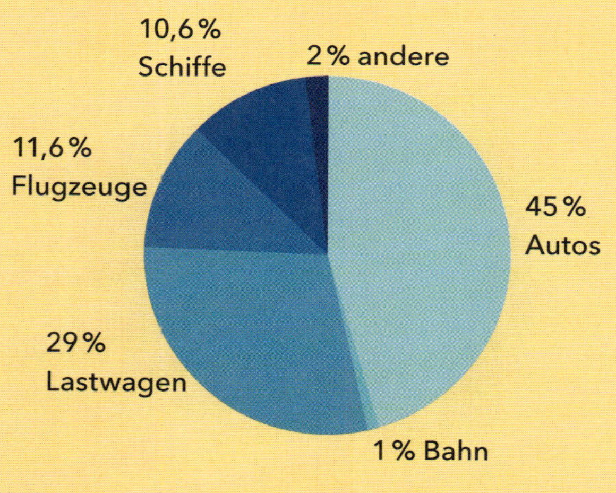

EMISSIONEN

pro reisender Person pro Kilometer

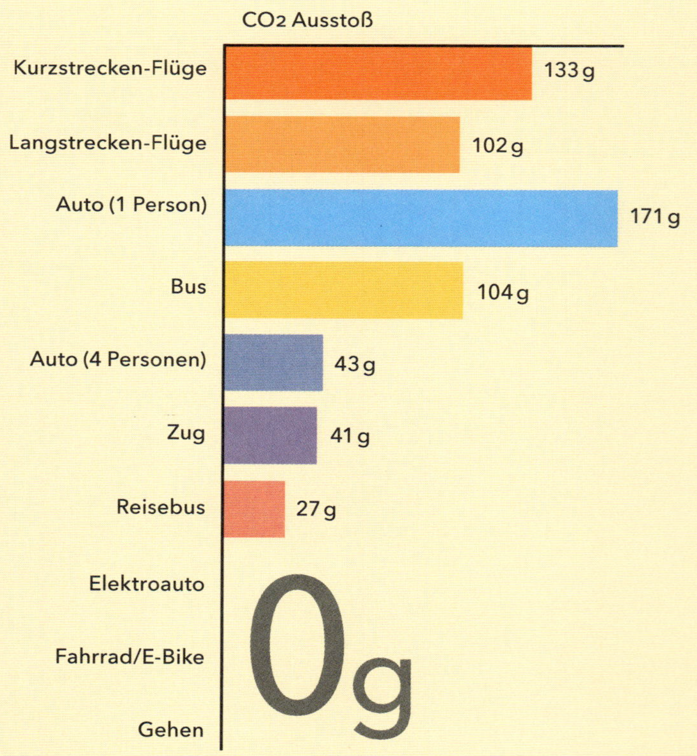

DIE NACKTE WAHRHEIT

Flugzeuge sind das umweltschädlichste Verkehrsmittel pro reisender Person pro Kilometer.

Solar Impulse

Solar Impulse ist der Name des ersten Flugzeugs, das, nur mit Solarenergie betrieben, um die Welt geflogen ist.

Allein die Anzahl an Flugzeugen, mit denen wir in den Urlaub oder auf Geschäftsreisen fliegen, verursachen 2,4 % der weltweiten CO_2-Emissionen aus fossilen Brennstoffen. Das sind 918 Millionen Tonnen jedes Jahr, oder ganz grob das Gewicht von 367 Millionen Elefanten. Mehr Menschen als jemals zuvor nutzen Flugzeuge. Daher wird sich die Zahl der Tonnen bis 2050 vermutlich verdreifachen – das sind dann über 1 Milliarde Elefanten an CO_2 in der Atmosphäre!

KLM flying V

Das Flugzeug KLM flying V wird 315 Reisende befördern können. Mit seiner verbesserten Aerodynamik wird es weniger Emissionen verursachen und mit synthetischem Kraftstoff angetrieben werden. Das ist ein Kraftstoff, der nicht aus dem fossilen Brennstoff Erdöl hergestellt wird.

Die Flugzeug-Hersteller arbeiten an Lösungen, um das Fliegen in Zukunft umweltfreundlich zu machen. Ihnen ist klar, dass dies die Herausforderung ihres Lebens ist! Sie setzen alles daran, in den nächsten zehn Jahren Flugzeuge zu entwickeln, die zu 100 % mit Biokraftstoff oder Wasserstoff fliegen können.

Airbus ZeroE

Das Unternehmen Airbus arbeitet an einem Flugzeug mit dem Namen ZeroE, das nur mit Wasserstoff betrieben werden können soll.

(TREIB)STOFF ZUM NACHDENKEN

Batteriebetriebene Autos und Fahrräder gibt es bereits. Doch Flugzeuge und Frachtschiffe legen viel weitere Strecken zurück. Daher benötigen sie Batterien, die viel mehr Energie speichern können, als bis jetzt möglich ist. Außerdem werden neue Kraftstoffe entwickelt. Dazu gehören:

Synthetischer Kraftstoff

Für diesen Kraftstoff, werden Wasserstoff und CO_2 genutzt, die bereits in der Atmosphäre sind. So entsteht kein neuer CO_2-Fußabdruck.

Bio-Kraftstoff

Dieser Kraftstoff wird zum Beispiel aus Pflanzenöl, tierischen Fetten, Zuckerrohr oder Abfall hergestellt. Der Treibstoff für Flugzeuge kann bereits zum Teil mit Biokraftstoff gemischt werden.

SCHIFFE AUF KURS BRINGEN

Wie kommt die Schokolade zu dir? Oder deine Kleidung? Oder der Fernseher? Fast alles, was wir essen oder an Dingen benutzen, hat eine Reise hinter sich. Oft kommen die Dinge von sehr weit her und reisen per Schiff. Doch die Schifffahrt ist eine der umweltschädlichsten Industrien der Welt. Schiffe stoßen tonnenweise Treibhausgase und Chemikalien aus, die sogar Erkrankungen der Atemwege auslösen können. Aber es kann besser werden ...

Die **Hydroville** ist das erste Schiff, das ausschließlich Wasserstoff in einem Dieselotor verbrennt. Es ist schnell, lautlos und verursacht keine Verschmutzung.

Einige Schifffahrts-Unternehmen haben sich für umweltfreundliche Kraftstoffe aus Wasserstoff entschieden, um keine Emissionen auszustoßen. Andere planen, die Motoren durch Batterien zu ersetzen. Auch an Lösungen mit Erdgasantrieb und Biogas aus Abfällen, wie totem Fisch wird gearbeitet!

BENZINSCHLUCKER

Brauchen wir wirklich ein 1.400 Kilogramm schweres Auto, um ein paar Menschen und Einkäufe zu transportieren? Für Autos werden unglaubliche Neuerungen entwickelt: Sie können elektrisch oder vielleicht sogar mit Solar angetrieben werden – so wie das Aptera-Solarauto ...

Der Aptera ist das erste elektrische Solarauto, das für den täglichen Gebrauch kaum aufgeladen werden muss.

Brauchen wir wirklich alle ein Auto?

Bei etwa 60 % aller Fahrten mit dem Auto oder Lieferwagen sitzt nur eine Person im Fahrzeug!

Schon bevor sie überhaupt auf der Straße fahren, verbrauchen Autos jede Menge Energie. Um Autos zu bauen, werden große Mengen an Rohstoffen, wie Stahl, Gummi, Glas, Plastik und Farbe benötigt. Die Bevölkerung auf der Welt wächst ständig. Werden wir da überhaupt Platz für all diese Autos haben, ohne den ganzen Planeten in Straßen verwandeln zu müssen?

Zwar lösen Elektrofahrzeuge einige der Probleme, die herkömmliche Autos verursachen, aber wir sollten auch darüber nachdenken, wie wir Autos bauen, wie wir sie antreiben – und ob alle ein eigenes brauchen.

WELCHES AUTO UND WELCHE ART, ES ZU BESITZEN, BEKOMMT DIE MEISTEN GRÜNEN LICHTER?

?	1 Person besitzt 1 Auto mit Verbrennungsmotor	1 Person besitzt 1 Elektroauto	1 Elektroauto wird mit mehren geteilt
Klimawandel verringert?	🔴	🟢	🟢
Luftverschmutzung verringert?	🔴	🟢	🟢
Staus verringert?	🔴	🔴	🟢
Zersiedelung verringert?	🔴	🔴	🟢
Rohstoffe gespart?	🔴	🔴	🟢
Gesundheit verbessert?	🔴	🔴	🟢
Geld gespart?	🔴	🔴	🟢

Um all diese Probleme zu vermeiden, treten viele Menschen Autoclubs oder Car Sharing-Programmen bei. So bekommen sie ein Auto auf Abruf, wann immer sie es brauchen!

Abenteuer fürs Leben

Wir alle lieben Urlaub! Milliarden von uns reisen zu den verschiedensten Orten überall auf der Welt. Ganz abgesehen von den Treibhausgasen, die dabei in die Luft gepustet werden, leiden wunderschöne, empfindliche Regionen darunter, weil zu viele Menschen dorthin reisen oder die Umwelt schädigen, wenn sie dort sind. Während der Corona-Pandemie sind wir viel weniger gereist. In dieser Zeit konnte die Tourismusindustrie überlegen, wie man anders Urlaub machen könnte – so, dass unsere Erde und die Lebensgrundlagen der Menschen in den besuchten Ländern dabei geschont werden!

VERKEHRS-HELD

Wubetu Shimelash gründete zusammen mit anderen das Unternehmen Simien Eco-Trek in Äthiopien. Das Unternehmen bietet Touren durch die wunderschönen Berge dort an, die Simien Mountains. So sind Arbeitsplätze für die Menschen vor Ort entstanden und mit den Einnahmen konnte eine Schule gebaut werden.

Was ist mit dir?

Welche Maschine würdest du für die Zukunft erfinden? Wenn du in einem Reisebüro arbeiten würdest, welche Art von Urlaub könntest du dir für die Reisenden ausdenken?

DIE REGENWÄLDER WACHSEN WIEDER

ÖKOSYSTEME ERHOLEN SICH

„In unserer Zeit wird ein großer Teil der Regenwälder zerstört. Stell dir vor, wir würden sie wieder wachsen lassen …"

„Wow, ganz schön was los hier! Der Blaue Morphofalter da vorn saugt Nektar, flattert und bestäubt wie verrückt. Seine Flügespannweite ist so groß wie meine Hand!"

„Dieser Blattkäfer und die Stinkmorcheln recyceln abgestorbenes Laub. Sie machen daraus Nahrung für den Erdboden."

„Seitdem die Regenwälder geschützt sind und richtig verwaltet werden, sind so viele Pflanzen nachgewachsen. Aber einige Gebiete müssen immer noch aufgeforstet werden. Die einheimische Bevölkerung leitet uns dabei an. Dank ihres Wissens sind wir schon großartig vorangekommen."

„Das Fell dieses Faultiers ist ein eigenes Ökosystem. Kein Wunder, dass es so müde ist!"

„Die Scharlachroten Aras dort futtern gern Mangos. Sie helfen die Samen zu verteilen, indem sie die Kerne auf den Waldboden fallen lassen. Die Verbreitung von Samen ist wichtig, damit der Regenwald wieder wächst."

„Ohne Abholzung, Minen und Jagd auf Wildtiere sind die Jaguare wieder die Herrscher des Regenwalds. Sie fressen kleinere Tiere, die sich von Pflanzen ernähren. So werden weniger Pflanzen verspeist und alles bleibt im Gleichgewicht."

„Unsere Verwandten, die Berggorillas in den afrikanischen Regenwäldern des Kongobeckens und die Orang-Utas in Borneo, in Asien, vermehren sich wieder prächtig, seit sie ihr Zuhause zurückhaben. Ihre natürlichen Feinde, Leopard und Tiger sind zwar auch zurück, aber das ist der Kreislauf des Lebens!"

LEBENSWELTEN IN GEFAHR

Kannst du dir vorstellen, dass jemand eine wunderschöne Kathedrale oder einen Tempel betritt, und dann beginnt das herrliche Bauwerk zu zerstören? Alle wären empört, und die Person würde vermutlich ins Gefängnis wandern. Für die indigenen Völker, also die ursprüngliche einheimische Bevölkerung, sind die Regenwälder genau solche heiligen Orte. Und das aus gutem Grund: Sie sind lebenswichtig für alles Leben auf der Erde.

Wenn die indigenen Völker für den Erhalt der Regenwälder kämpfen, dann kämpfen sie für uns alle. Noch erlauben die meisten Gesetze den Menschen diese wichtigen Gebiete zu zerstören. Der beste Weg, die Regenwälder wiederherzustellen ist, dies zusammen mit der indigenen Bevölkerung zu tun. Denn sie haben sich schon seit Tausenden von Jahren um diese Regenwälder gekümmert. Sie wissen, dass ihr Leben von ihnen abhängt.

DIE REGENWÄLDER UNSERER ERDE

Es gibt zwei Arten von Regenwäldern: den gemäßigten Regenwald, der hauptsächlich in kühleren Gebieten an den Küsten vorkommt; und den tropischen Regenwald in wärmeren Gebieten.

Regenwälder ...

- gehören zu den artenreichsten und ältesten Ökosystemen der Erde. Einige sind vor mehr als 70 Millionen Jahren enstanden. Sie stammen aus der Zeit der Dinosaurier!
- helfen dabei, das Klima stabil zu halten. Sie nehmen riesige Mengen CO_2 auf und verwandeln es in Sauerstoff, damit stellen sie etwa 40 % der Luft her, die wir atmen.
- helfen dabei, den weltweiten Wasserkreislauf im Gleichgewicht zu halten. Die Wälder verdunsten Wasser und geben es an die Atmosphäre ab. Dort bilden sich Wolken, in denen das Wasser um die ganze Welt transportiert wird.
- bekommen etwa 10 Meter Regen pro Jahr (doppelt so hoch wie eine Giraffe!). Dadurch entsteht eine unglaubliche Artenvielfalt in Regenwäldern. Das heißt dort kommen sehr viele verschiedene Lebewesen vor.
- machen etwa 6 % der Erdoberfläche aus, sind aber Heimat für mehr als die Hälfte aller Pflanzen- und Tierarten dieser Welt.
- versorgen uns mit Nahrung und wertvoller Medizin.

Die bedeutendsten Regenwälder

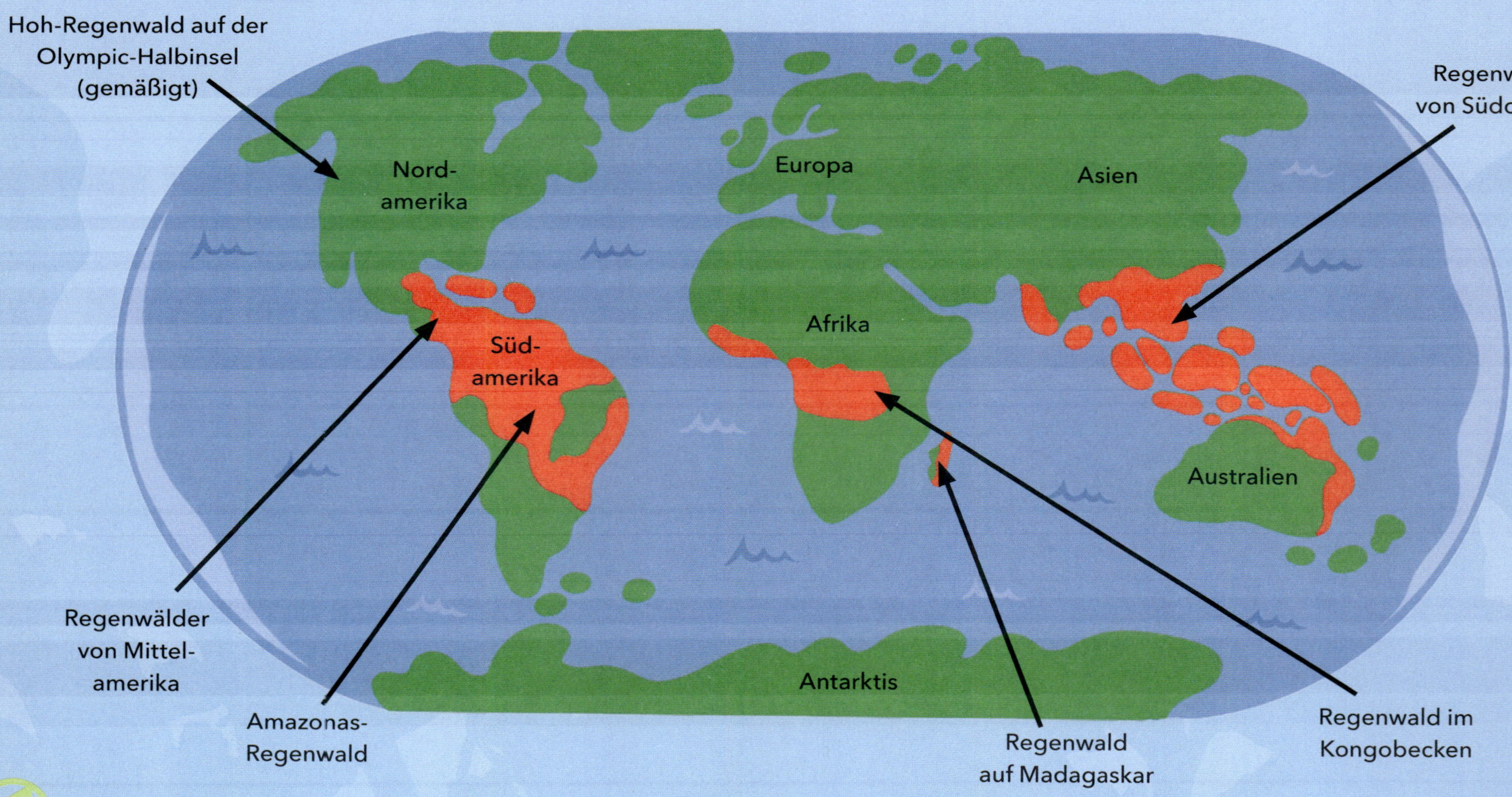

KEINE REGENWÄLDER MEHR ZU FAST FOOD VERARBEITEN

Nur wegen uns Menschen schrumpfen die Regenwälder rasend schnell. Weil ...

- sie in Weideland für Rinder umgewandelt werden – aus denen wir später Burger machen!
- wir dort Palmöl anbauen, dass wir in vielen Lebensmitteln, wie Pizza, Eis und Schokolade oder Produkten wie Shampoo verarbeiten.

- wir aus dem Holz Möbel bauen.

- wir die Waldfläche umwandeln in Wohngebiete, Flughäfen, Minen und Mülldeponien.

Wenn wir in diesem Tempo weitermachen, könnten die Regenwälder, die Millionen von Jahren überdauert haben, innerhalb des nächsten Jahrhunderts verschwunden sein.

Schrumpfende Wälder

Etwa 50 Millionen Menschen leben in tropischen Regenwäldern. Darunter auch das Volk von **Häuptling Raoni Metuktire**. Er ist Häuptling des Kayapo-Volkes im Amazonas-Gebiet in Brasilien. Schon seit über einem halben Jahrhundert kämpft er für den Erhalt des Amazonas-Regenwalds.

Wie ist es dem Amazonas-Regenwald ergangen, seit Häuptling Raoni um Hilfe bat?

Satellitendaten zeigen, dass im Amazonas-Regenwald jede Minute eine Fläche abgeholzt wird, die etwa so groß ist wie ein Fußballfeld. Seit 1978 wurden über 1 Million Quadratkilometer des Amazonas zerstört. Das ist viermal so groß wie ganz Großbritannien!

Wie können wir also die Regenwälder unserer Erde wiederherstellen?

AM BODEN ... ABER NOCH NICHT AM ENDE

Die tropischen Regenwälder sind widerstandsfähig. Auch wenn der Wald abgeholzt wurde, kann er erstaunlich schnell nachwachsen – solange nur einige Reste übrig bleiben, die Samen enthalten und Lebensraum für Tiere bieten, die diese Samen verteilen können.

Costa Rica zählte zu den Ländern mit der schlimmsten Abholzung überhaupt. Doch innerhalb nur weniger Jahrzehnte konnten große Waldflächen wieder aufgeforstet werden. Heute spielen die Wälder eine wichtige Rolle für den Lebensunterhalt der Menschen.

NATURSCHUTZ-HELDEN

Was glaubst du, wer hat den wichtigsten Job auf der Welt? Eine Präsidentin? Oder ein Bundeskanzler? Oder könnte es Häuptling Raoni sein?

Zwar machen indigene Völker nur 5 % der Weltbevölkerung aus, doch ihre angestammten Gebiete sind Heimat für 80 % der Artenvielfalt unserer Erde. Oft kämpfen sie an vorderster Front, um unseren Planeten zu schützen. Sie machen damit einen der wichtigsten Jobs auf der ganzen Welt.

Wie wir durch die Corona-Pandemie gelernt haben, können Viren von Tieren auf Menschen übertragen werden, wenn wir den Tieren ihre ursprünglichen Lebensräume nehmen. Die Wissenschaft weiß heute, wie wichtig Wälder sind, um den Klimawandel aufzuhalten, die indigenen Völker wissen dies schon lange!

WELTWEITE GEMEINSCHAFT

Häuptling Raoni

Häuptling Raoni hat dazu aufgerufen, sich weltweit zusammenzuschließen, um alle Regenwälder in Asien, Afrika und Südamerika zu schützen und wiederherzustellen.

1993 entstand dank Häuptling Raonis Einsatz das größte Regenwald-Naturschutzgebiet der Erde in seiner Heimat Brasilien. Seitdem hat er niemals aufgehört für die Regenwälder zu kämpfen und ist zu einem beliebten Helden des Widerstands gegen die Zerstörung des Regenwalds geworden.

Nemonte Nenquimo

2019 gewann Nemonte Nenquimo, eine Anführerin des Waorani-Volks in Ecuador, einen Rechtsstreit gegen die Regierung. Mit dem Sieg wurden eine halbe Million Hektar Regenwald vor Ölbohrungen geschützt. Nemonte sagte anschließend: „Dieser Sieg ist für meine Vorfahren. Er ist für unseren Wald und für kommende Generationen. Und er ist für die ganze Welt."

Neema Namadamu

Neema Namadamu setzt sich unter anderem für den Schutz des Regenwaldes im Kongobecken ein – dem zweitgrößten Regenwald der Welt nach dem Amazonas. Besonders wichtig sind Neema außerdem die Rechte und der Schutz von Frauen. Daher gründete sie verschiedene Initiativen für Frauen und Mädchen, um sie und ihre Rechte zu stärken. Auch ein Programm, bei dem sich Frauen zur Aufforstung zertstörter Wälder zusammenschließen, ist unter ihrer Führung entstanden. In Baumschulen werden die jungen Bäumchen von den Frauen gezüchtet und später gepflanzt. So können sie Geld für sich, ihre Familie und auch für ihr Dorf verdienen.

TEIL EINER GROSSEN VERÄNDERUNG SEIN

Leider ist es sehr schwierig und auch gefährlich den Regenwald an vorderster Front zu verteidigen. Holzfällunternehmen und Bergwerksbetriebe verdienen viel Geld mit der Ausbeutung der Regenwälder und tun alles, um die Umweltschützerinnen und -schützer loszuwerden. Oft werden diese sogar getötet. 2019 wurden vermutlich vier Menschen pro Woche umgebracht, weil sie sich für den Schutz der Wälder eingesetzt hatten.

Die Regenwälder gehören uns allen. Und wenn wir überall auf der Welt zusammenarbeiten, dann können wir sie retten. Die Regierungen vor Ort tun manchmal nur wenig, um die Wälder und die Menschen, die sie verteidigen, zu schützen. Deshalb brauchen wir neue internationale Gesetze. Die gute Nachricht ist, dass Menschen bereits hart daran arbeiten. Und in der Zwischenzeit können wir einige andere Dinge tun:

- Regierungen wählen, die sich für den Schutz lebenswichtiger Umwelt auf unserem Planeten einsetzen. Stell dir vor, du würdest einen Präsidenten wählen, der sagt, er verkauft unsere Lungen? Verrückt, oder!?

- Abholzen der Wälder verlangsamen, indem wir den Menschen vor Ort helfen, ihren Lebensunterhalt zu verdienen, ohne die Wälder zu zerstören.
- Regenwälder nachhaltig bewirtschaften, um ihre Artenvielfalt und ihre Fähigkeit sich zu erholen zu erhalten.
- Menschen beibringen, die Natur um sie herum und ihre Rohstoffe wertzuschätzen und zu lernen **mit** der Natur zu leben, statt **von** ihr. So wie in Costa Rica!

- Indigene Völker schützen und unterstützen. Wir können mit ihnen zusammenarbeiten und von ihnen lernen, wie wir die Regenwälder auch für kommende Generationen erhalten.

WAS KANN ICH TUN?

- Finde heraus, wo die Dinge, die du isst, herkommen.
- Wähle Papier und Holzprodukte, die vom Forest Stewardship Council (FSC) zertifiziert sind – wie dieses Buch! Das FSC-Siegel garantiert, dass die Wälder, aus denen das Holz stammt, nachhaltig bewirtschaftet wurden.
- Bitte Verkaufende und Hersteller, nur Palmöl aus nachhaltig bewirtschafteten Wäldern zu verwenden.

“Du musst nicht selbst im Regenwald leben, um dabei zu helfen, ihn zu schützen. Häuptling Raoni ist mittlerweile sehr alt. Zu jungen Menschen sagt er: „Ich gebe meinen Kampf an euch weiter.”
Wie würdest du beim Schutz der Regenwälder helfen?”

DIE ZUKUNFT GESTALTEN

BLÜHENDE STÄDTE

„In der Zukunft haben wir unsere Städte neu erfunden. Sie sehen ganz anders aus und sind im Einklang mit der Natur."

„Fast alle unsere Gebäude sind nun lebendig. Sie erzeugen ihre eigene Energie, sammeln ihr eigenes Wasser und bereiten es auf – und das alles im Einklang mit der Natur. Wir alle besitzen Sonnenkollektoren oder ein bis zwei Windturbinen, um unsere Häuser mit Energie zu versorgen."

„Einige Leute haben auch ein Wasserrad, um Energie zu erzeugen. Und manche heizen oder kühlen ihre Häuser mit geothermischer Energie aus dem Erdboden."

„Viele Menschen nutzen Biogas, um ihren Strom zu erzeugen, was eigentlich nur eine nette Umschreibung dafür ist, dass sie ihren Strom aus Kot herstellen. Insgesamt erzeugen wir viel mehr Energie als wir brauchen, also verkaufen wir sie an die Energiekonzerne!"

„Nachdem wir herausgefunden hatten, wie man mit unglaublich starken Kohlenstoff-Nanoröhren und Diamant-Nanofäden Häuser bauen kann, haben wir riesige Wolkenkratzer mit vertikalen Gärten gebaut."
„Der Klimawandel hat den Meeresspiegel ansteigen lassen und so haben wir leider einige sehr schöne Städte verloren. Aber wir haben neue, schwimmende Städte gebaut. Die Menschen lieben es, dort zu leben und teilen die Städte mit den Meereslebewesen."
„Außerdem bauen wir Häuser, indem wir Bäume auf ein mit einem 3D-Drucker hergestelltes Gerüst setzen. Wenn du also ein zusätzliches Zimmer brauchst, lass es einfach wachsen."
„Wir drucken auch Häuser in 3D, die sich selbst versorgen können, sich recyceln lassen und biologisch abbaubar sind. Es kommt ganz darauf an, was für die Gemeinschaft am besten ist."

LEBEN IN DEN STÄDTEN

Städte waren schon immer die Orte, an denen das Leben pulsierte. Sie haben die Welt, in der wir leben, geprägt.

Deswegen ist es so wichtig, und auch spannend, herauszufinden, wie wir unsere Städte in Zukunft am besten gestalten können. Häufig sind Städte die Orte, von denen neue Ideen ausgehen. Sie haben große Macht, Dinge zu verändern und zu beeinflussen.

Die Hälfte aller Menschen auf der Welt lebt in Städten. Bis 2050 werden es vermutlich sogar Zweidrittel sein! Wenn wir lernen unsere Städte auf die richtige Art zu bauen, hilft uns dies auf dem Weg zu einem glücklichen Planeten.

STÄDTE IM WANDEL

Wir brauchen Städte, in denen sich alle wohlfühlen und entwickeln können, ohne dabei mehr Rohstoffe zu verbrauchen, als zur Verfügung stehen. Wenn immer mehr Menschen in die Städte ziehen, nennt man das Urbanisierung. Lass uns überlegen, wie wir die Probleme, die Urbanisierung mit sich bringt, lösen.

Alle Städte zusammen nehmen nur 3 % der Fläche auf unserer Erde ein, verbrauchen aber 60–80 % aller Energie und verursachen 75 % des weltweiten CO_2-Ausstoßes.

WACHSENDE URBANISIERUNG VERURSACHT:

- Mehr Verkehr verschlimmert den Klimawandel und die Luftverschmutzung.
- Die Zersiedelung der Landschaft zwingt viele Menschen dazu, in Armut oder in Slums an den Rändern der Städte zu leben. Häuser und Mieten werden so teuer, dass viele Menschen sich das Wohnen nicht mehr leisten können. Dazu kommt, dass die Arbeitslöhne nicht immer gerecht sind.
- Übermäßigen Konsum – Wenn Menschen in die Stadt ziehen, kaufen sie immer mehr Dinge, um sich zugehörig zu fühlen und dem Lebensstil in der Stadt zu entsprechen.

WACHSENDE URBANISIERUNG VERURSACHT DRUCK AUF:

- die Versorgung mit Wasser
- natürliche Lebensräume und die dort vorkommenden Tiere, weil immer mehr Grünflächen bebaut werden
- die Straßen und Verkehrssysteme
- die öffentliche Gesundheitsversorgung, also Arztpraxen und Krankenhäuser, Rettungsdienste und Apotheken
- Dienstleistungen wie Müllabfuhr und Kanalisation

CLEVERE STÄDTE LÖSEN PROBLEME

Städte stellen uns vor einige interessante Probleme, die es zu lösen gilt:

Genug Platz für immer mehr Menschen schaffen
Wir können neue, moderne Techniken nutzen, um höher zu bauen, wie z. B. den 3D-Druck. Und wir können Gebäude so gestalten, dass sie von mehreren gemeinsam genutzt werden können.

Klimawandel stoppen und seine Auswirkungen verringern
Wir müssen umweltfreundliche Gebäude und Verkehrsmittel schaffen, Grünflächen anlegen und bereits vorhandene Häuser besser isolieren.

Armut bekämpfen und Slums beseitigen
Gerechte Löhne zahlen, und sicherstellen, dass es überall bezahlbare Häuser und Wohnungen gibt.

Ein gesundes Lebensumfeld schaffen
Städte brauchen zahlreiche Grünflächen, wie vertikale Gärten, Dachgärten und Kleingärten.

Verkehr und Luftverschmutzung verringern
Die Städte sollten gut mit umweltfreundlichen Verkehrsmitteln verbunden sein, und sie brauchen sichere Straßen zum Gehen, Rad- und Rollerfahren.

Genügend sauberes, frisches Wasser für alle
Wir müssen Wasser wiederaufbereiten und Regenwasser sammeln. Den Menschen die Möglichkeit geben, ihren Wasserverbrauch zu messen.

Sicherstellen, dass alle Zugang zu Gesundheitsversorgung, Schulen und grundlegenden Dienstleistungen haben
Wohnungen sollten in Städten in der Nähe von Schulen Krankenhäusern und öffentlichen Einrichtungen liegen. (Auch kurze Wege sparen Emissonen!)

Aufhören so viel zu verschwenden!
Eine Kreislaufwirtschaft gestalten, in der alles wiederverwendet, recycelt oder kompostiert werden kann.

UMWELTFREUNDLICH BAUEN

Was sind umweltfreundliche Gebäude und welchen Nutzen könnten sie uns bringen?

Das Schaubild rechts zeigt dir, woher das CO_2 auf unserer Erde stammt. Fast 40 % der weltweiten Energie wird von Gebäuden verbraucht, und sie verursachen ein Drittel aller Treibhausgase. Aber wir können von der Natur lernen und Gebäude entwerfen, die ihre eigene Energie herstellen, keine schädlichen Emissionen ausstoßen und auch sonst noch eine ganze Reihe genialer Dinge tun. Blättere um und finde heraus, welche …

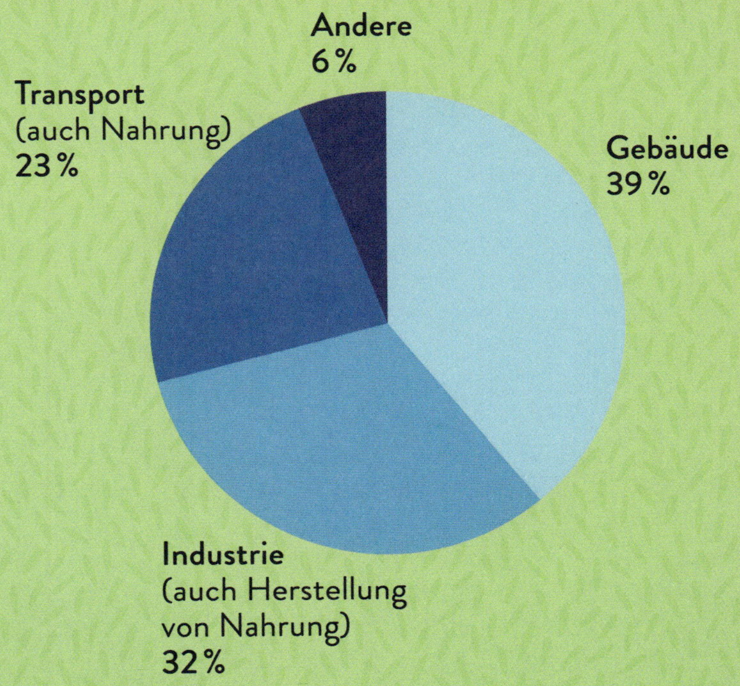

INTELLIGENTE STÄDTE BAUEN

Gebäude, die keinen Austoß von CO_2 verursachen, haben meist Solarkollektoren und Windräder auf dem Dach, um ihre eigene, erneuerbare Energie herzustellen. Sie werden mit Materialien und auf eine Art gebaut, die so wenig Emissionen wie möglich verursachen. Auf ihnen wachsen Bäume oder andere Pflanzen, die Kohlenstoff aufnehmen und so den CO_2-Ausstoß, der beim Bau entstanden ist, wieder ausgleichen. Auf dieser Seite kannst du einige der genialsten Gebäude entdecken ...

Arbeiten auf dem Wasser

Dieses schwimmende Büro in Rotterdam in den Niederlanden versorgt sich selbst mit Energie und Wasser und hat sein eigenes Abwassersystem. Außerdem lässt sich die clevere Büro-Insel im Fluss verankern, und bei steigendem Wasserpegel oder Überschwemmungen kann sie sich einfach mit dem Wasser mitbewegen.

Kühl wie ein Termitenhügel!

Einige Gebäude gehen sogar noch weiter und kopieren die Natur direkt. Dies nennt man Bio-Mimikry. Das Eastgate Center in Simbabwe in Afrika steuert seine Kühlung und Wärme das ganze Jahr über selbst – und das ganz ohne Klimaanlage oder Heizungen. Seine Bauweise ist einem Termitenhügel nachempfunden. Die klugen Insekten halten ihren Bau nämlich mit Luftkanälen schön kühl.

Es lebt!

Das BIQ-Gebäude in Hamburg wird mit Algen betrieben. Winzige Grünalgen in den Außenwänden ernähren sich von CO_2 und nehmen Sonnenlicht auf, um daraus Energie für das Gebäude herzustellen. Außerdem können die Algen das Licht steuern, Schatten spenden und sogar zu Nahrung verarbeitet werden!

Aufsaugen wie ein Schwamm!

China entwickelt „Schwammstädte", die besser mit Regenstürmen oder Wasserknappheit zurechtkommen. Betonflächen wurden ersetzt durch Feuchtgebiete, bepflanzte Dächer und Regengärten – das sind bepflanzte Vertiefungen, in denen sich das Wasser sammeln und versickern kann. Diese Grünflächen saugen Regenwasser auf wie Schwämme und verhindern so, dass die Stadt überschwemmt wird. Das aufgesaugte Wasser kann außerdem von der Stadt weiter genutzt werden.

DIE STRASSEN ZUERST

Straßen sind nicht nur für Autos, sondern auch für Menschen da. Wir überlegen, wie wir Abgase, Staus und Luftverschmutzung verringern könnten, und wir entwerfen Autos, die weniger umweltschädlich sind. Wie wäre es, wenn wir auch unsere Straßen umgestalten? Mit gut vernetzten öffentlichen Verkehrsmitteln könnten wir die meisten Autos aus den Städten verbannen, und hätten mehr Platz zum Spazieren und Radfahren.

STÄDTE FÜR GLÜCKLICHE MENSCHEN

Wir möchten, dass in unseren Städte alle gut leben und arbeiten können, aber das wirtschaftliche Wachstum darf unserem Planeten nicht schaden. Im Gegenteil, wirtschaftliches Wachstum sollte ein Weg dafür sein, dass alle gut versorgt sind.

Wie du siehst, brauchen wir viele verschiedene Menschen, um die Probleme unserer Städte zu lösen: Gärtner*innen, Architekt*innen, Ingenieur*innen, Künstler*innen, Bauarbeiter*innen, Pfleger*innen, Wissenschaftler*innen und viele mehr.

STÄDTE-HELD

Schon mit 15 Jahren gründete **Edgar Edmund** das Unternehmen Green Venture Recycles in Tansania, in Afrika. Als Junge musste er mitansehen, wie Überschwemmungen die Lehmhäuser in seiner Heimatstadt zerstörten und viele Menschen obdachlos wurden. Zudem war die Stadt von Plastikmüll übersät. Edgar hatte eine geniale Idee, mit der er beide Probleme auf einmal lösen konnte: Seine Firma stellt nun Bausteine aus recycelten Plastiktüten her.

Und du?

Was würdest du in eurer Stadt verbessern? Was für eine Art Stadt würdest du gern mitgestalten, und was wäre deine Aufgabe?

STARKE MÄDCHEN
EINE WELT FÜR FRAUEN

„Frauen und Mädchen zu helfen ein erfülltes und freies Leben zu führen, hilft dem ganzen Planeten. Hier erfährst du, wie . . ."

„In der Zukunft, so hat unsere Präsidentin es gerade verkündet, ist das Klima stabiler, die Luft sauberer, die Wälder grüner, die Ozeane voller Leben, und es sind kaum noch Wildtiere vom Aussterben bedroht."

„Wir haben die Rede heute Morgen in unserer Schulversammlung per Stream angeschaut, kurz bevor wir ‚Vertikale Landwirtschaft' hatten. Auch die leitende Wissenschaftlerin kam zu Wort. Sie sagte, dass fast niemand auf der Welt mehr in Armut lebt, alle Kinder zur Schule gehen und alle Menschen jeden Tag gesundes Essen bekommen."

„Die Wirtschaftsministerin berichtete, dass die Weltbevölkerung nicht gestiegen ist. Seit Jahrzehnten liegt sie jetzt stabil bei 7 Milliarden. Das hilft uns sehr dabei, die Probleme auf der Welt zu lösen und im Einklang mit unserem Planeten zu leben."

„Als Nächstes sprach eine Historikerin. Sie sagte, diese Entwicklung sei erst möglich, seit Mädchen überall auf der Welt eine gute Ausbildung erhielten. Keine von uns konnte glauben, dass es einmal eine Zeit gegeben hatte, in der Mädchen nicht zur Schule gehen konnten! Oder als Frauen noch keine Staatsoberhäupter waren, keine Erfinderinnen, Wissenschaftlerinnen, Astronautinnen, Chefinnen oder was immer sie sein wollten."

„Unsere Lehrerin erzählte uns, es sei etwas sehr Interessantes passiert, seit Mädchen eine gute Ausbildung erhielten. Die Bevölkerungszahl ging zurück, als Mädchen und Frauen mehr Kontrolle über ihr Leben bekamen. Und als Frauen gleichberechtigt mitentscheiden konnten, wie unser Planet verwaltet wird, begannen auch Regierungen und Unternehmen sich zu verändern. Die Menschen fingen an zum Wohle aller zusammenzuarbeiten. Nur deshalb ist unsere Welt heute so wie sie ist!"

SUPERHELDINNEN

Stell dir eine Welt ohne Computerprogrammierung, Strahlentherapie, Zentralheizung, Feuerleitern, Monopoly oder die Geschichte von Frankenstein vor!

All dies und noch viele weitere erstaunliche Dinge wurden von Frauen erfunden. Aber erst in jüngster Zeit werden Mädchen ermutigt eine Ausbildung zu machen – oder es wird ihnen überhaupt erst erlaubt. Weltweit gehen etwa 132 Millionen Mädchen nicht zur Schule, und die Mädchen, die gehen, haben oftmals immer noch mit großen Hindernissen zu kämpfen.

Wir können es uns nicht leisten, all die Intelligenz und Fantasie von Mädchen ungenutzt zu lassen. Besonders dann nicht, wenn wir Menschen brauchen, die anders denken und neue Wege erfinden können, um unsere weltweiten Probleme zu lösen.

Wenn Mädchen zur Schule gehen, sind Gesellschaften glücklicher, gesünder und stärker und es entstehen sogar mehr Arbeitsplätze. Und noch etwas geschieht: Wo Frauen und Mädchen eine Ausbildung erhalten, ihr eigenes Geld verdienen, gleichberechtigt und frei sind, entscheiden sie sich dafür, weniger Kinder zu bekommen.

DOPPELTES PROBLEM

Seit 1970 hat sich die Weltbevölkerung verdoppelt … und die Anzahl der wildlebenden Wirbeltiere ist um mehr als die Hälfte gesunken. (Wirbeltiere sind Tiere mit einem Rückgrat.)

SIR DAVID ATTENBOROUGH

Sir David Attenborough ist jemand, der sehr viel darüber weiß, wie unser Planet funktioniert. Er ist Schirmherr einer Organisation mit dem Namen *Population Matters*, die Mädchen dabei unterstützt eine Ausbildung zu erhalten, und selbst zu entscheiden, wann sie eine Familie gründen möchten und wie groß diese Familie sein soll. Er sagt: „All unsere Umweltprobleme werden leichter zu lösen sein, wenn es weniger Menschen gibt, und schwerer – und am Ende unmöglich – zu lösen sein, wenn es immer mehr Menschen gibt."

Je mehr Menschen wir sind, umso mehr natürliche Rohstoffe verbrauchen wir. Wir benötigen mehr Nahrung, Wasser, Wohnraum und einfach mehr Zeug. Wie wir in diesem Buch gesehen haben, sind genau dies die Dinge, die noch mehr Emissionen erzeugen, die Temperatur ansteigen lassen, dazu führen, dass Wälder abgeholzt werden, Artensterben verursachen und dazu beitragen, dass unsere Ozeane so überhitzt und verschmutzt werden, dass sie ihre Aufgabe nicht erfüllen können.

Vor etwa 10.000 Jahren waren fast alle Tiere wild. Heute sind nur noch 1 % der Wildtiere übrig. Ohne Artenvielfalt, ohne ein reiches Netzwerk an verschiedenen Lebewesen, wird unsere Erde verwundbar und das Überleben für uns alle härter.

IMMER MEHR MENSCHEN

Die Vereinten Nationen haben ausgerechnet, dass wir im Jahr 2050 etwa 1 Milliarde Menschen weniger wären, als zurzeit erwartet, wenn jede zweite Familie ein Kind weniger bekäme, als derzeit vorhergesagt. Bis zum Ende des Jahrhunderts gäbe es fast 4 Milliarden Menschen weniger. Das macht noch zu unseren Lebzeiten einen gewaltigen Unterschied!

KEIN ERSATZ-PLANET

Wir verbrauchen die Rohstoffe von fast zwei Erden. Wenn wir so weitermachen, werden wir bis 2050 schon drei Erden benötigen – oder sogar fünf, wenn alle so leben und konsumieren würden, wie in den westlichen Ländern!

Bis zum Jahr 2100 werden vermutlich bis zu 11 Milliarden Menschen auf der Welt leben. Es sei denn, wir können unser Wachstum abbremsen. Forschende sind sich einig, dass bis zu 10 Milliarden Menschen gesund ernährt werden könnten, wenn wir die Erde richtig bewirtschaften. Aber es wird sehr schwierig, alle zu ernähren, wenn wir noch mehr werden.

Wir alle haben das Recht auf ein gutes Leben. Wenn sich also immer mehr Menschen auf der Welt Dinge leisten können, wo nehmen wir dann die Extra-Erden her, die die Rohstoffe dafür liefern. Oder das Essen, um uns alle zu ernähren?

DAS PROBLEM HALBIEREN

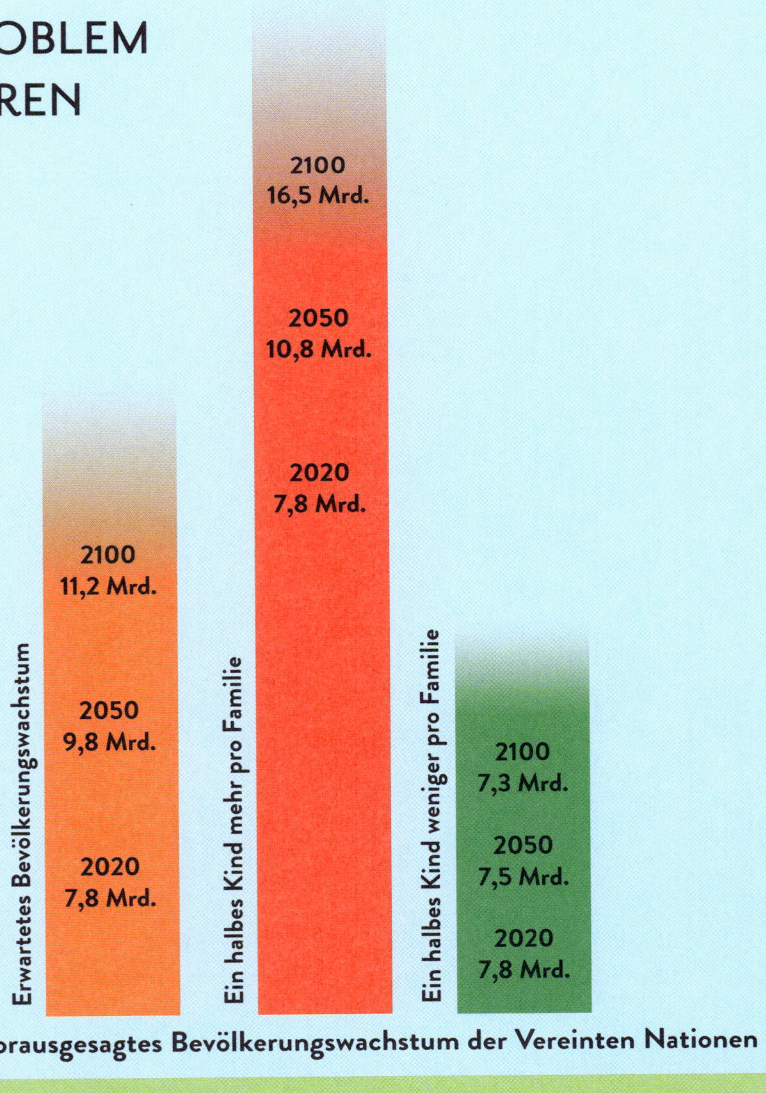

MÄDCHEN STEIGEN AUF, CO_2 SINKT!

Für eine gerechte, aufblühende Welt brauchen wir den Aufstieg der Mädchen. Ihnen eine Ausbildung zu geben und die Möglichkeit, Heirat und Kinderkriegen so zu planen, wie sie es möchten, ist eine der wirksamsten Lösungen gegen den Klimawandel.

HINDERNISSE ÜBERWINDEN

Warum ist es für manche Mädchen schwer zur Schule zu gehen?

Kosten
Wenn die Schule nicht kostenlos ist, kann Bildung für viele Familien zu teuer sein.

Große Entfernungen, schlechte Ausstattung
In abgelegenen Gegenden kann die Schule einfach zu weit weg sein, und manche Schulen können lediglich Grundkenntnisse vermitteln.

Kriege, Natur- und Klimakatastrophen vertreiben viele Kinder aus ihrer Heimat und machen den Zugang zu Bildung sehr schwierig.

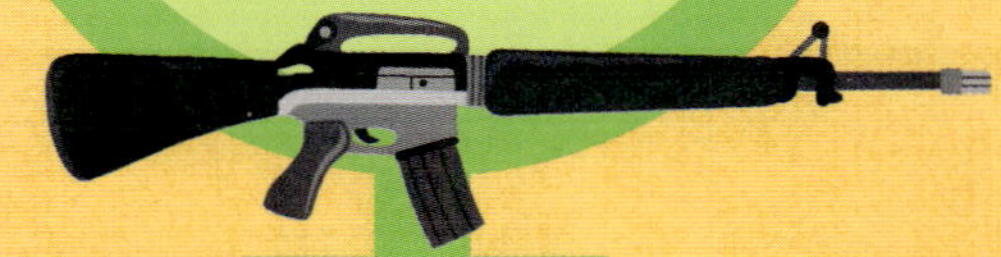

Bildung nur für Jungs
In vielen Kulturen glauben die Menschen immer noch, dass es sich nicht lohnt, Mädchen auszubilden.

Kinderarbeit
Armut bedeutet häufig, dass Familien ihre Mädchen zur Arbeit schicken – obwohl eine Schulbildung sie aus der Armut herausholen könnte.

Frühe Ehe oder Kinderheirat
Durch traditionellen Glauben und Armut werden Mädchen oft gezwungen, jung zu heiraten.

Expertinnen und Experten für Bildung auf der ganzen Welt arbeiten mit Regierungen, führenden Persönlichkeiten und örtlichen Gemeinden zusammen, um:

- Schule bezahlbar zu machen
- Menschen aus allen Kulturen beizubringen, Mädchen wertzuschätzen
- die Entfernung zu Schulen zu verringern
- Kinderarbeit, Armut und Kinderheirat abzuschaffen
- Konflikte zu lösen und Kindern in Flüchtlingscamps und Kriegsgebieten dennoch gute Bildung zu ermöglichen
- weiteren Klimawandel aufzuhalten

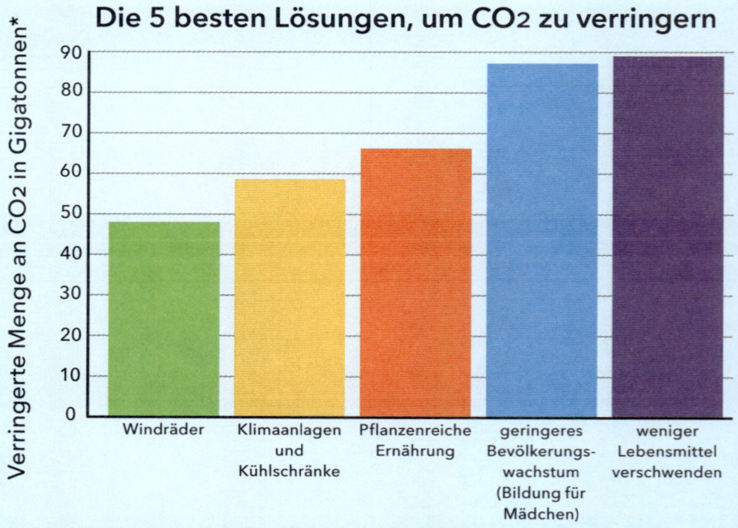

* 1 Gigatonne = etwa das doppelte Gewicht aller Menschen auf der Erde

HELDINNEN DER GLEICHBERECHTIGUNG

MALALA YOUSAFZAI

Die Aktivistin **Malala Yousafzai** sagt: „Ich habe mich für Mädchen in Pakistan und unser Recht auf Bildung eingesetzt. Dadurch wurde ich zur Zielscheibe. Im Oktober 2012 stieg auf dem Heimweg von der Schule ein maskierter, bewaffneter Mann in meinen Schulbus und fragte: ‚Wer ist Malala?' Er schoss mir in die linke Seite meines Kopfes. Nach mehreren Operationen und monatelanger Behandlung konnte ich zu meiner Familie in unser neues Zuhause in England ziehen.

Da wusste ich, dass ich eine Wahl hatte: Ich könnte ein ruhiges Leben führen, oder ich könnte das Beste aus diesem neuen Leben machen, was mir geschenkt worden war. Ich entschloss mich, meinen Kampf fortzusetzen, bis jedes Mädchen zur Schule gehen könnte.

Zusammen mit meinem Vater, der immer mein Verbündeter und meine Inspiration war, gründete ich den *Malala Fonds*, eine Wohltätigkeitsorganisation, die sich dafür einsetzt, jedem Mädchen die Möglichkeit zu geben, seine Zukunft selbst zu gestalten. Als Anerkennung für unsere Arbeit erhielt ich im Dezember 2014 den Friedensnobelpreis und wurde die jüngste Nobelpreisträgerin aller Zeiten.

Ich reise in viele Länder, um Mädchen zu treffen, die gegen Armut, Kriege, Kinderheirat und Geschlechterbenachteiligung kämpfen, um zur Schule zu gehen. Der *Malala Fonds* unterstützt sie, damit ihre Geschichten, so wie meine, auf der ganzen Welt gehört werden können."

WENDO ASZED

Lerne Wendo Aszed kennen, die Gründerin von *Dandelion Africa*, einer Organisation in Kenia.

„Die Chance auf Bildung hat mein Leben verändert. Also gründete ich *Dandelion Africa*, um anderen Mädchen zu helfen und ihnen dieselbe Chance zu geben. Wir helfen Frauen und Mädchen eine Ausbildung zu erhalten, ihre Familien zu planen, und schützen sie vor Gewalt und Ungleichheit.

Wir arbeiten auch mit Jungen und Männern, damit sie Teil des Wandels sein können, der die Gleichberechtigung von Mädchen und Frauen ermöglicht. Wir arbeiten in entlegenen Gemeinden und konnten in den letzten drei Jahren über 100.000 Menschen helfen.

Die Menschen kommen zu uns und sagen: ‚Danke, dass ihr den Mädchen eine Stimme gegeben habt.' Mädchen werden mit einer Stimme geboren. Sie können alles sein, was sie wollen, und deshalb machen wir die Arbeit, die wir tun."

“Bildung für Mädchen ist der Beginn von Veränderung in einer Gesellschaft, sogar in der Welt. Jungen und Mädchen sind gleichermaßen Teil davon. Was denkst du, müsste anders gemacht werden, damit auch Mädchen glänzen können?”

DEN PLANETEN ABKÜHLEN

TREIBHAUSGASE LOSWERDEN

„Unsere Treibhausgase tragen dazu bei, dass die Welt immer heißer und gefährlicher wird. Wie sähe also eine Zukunft ohne diese Gase aus? Und wie können wir das erreichen?"

„Selbst nachdem wir es geschafft hatten, so gut wie keine Treibhausgase mehr zu verursachen, waren immer noch so viele davon in der Luft, dass die Erde sich weiter erwärmte. Wir mussten eine Menge Gase aus der Luft herausholen, sonst wäre es nicht gelungen, die Erderwärmung auf unter 1,5 Grad zu halten."

„Das Methan zu beseitigen, war am einfachsten. Zwar ist es ein starkes Treibhausgas, aber nach etwa 14 Jahren hat es sich von allein aufgelöst. Lachgas braucht dazu etwa 100 Jahre. Aber CO_2 und einige andere Gase bleiben für Hunderte oder sogar Tausende von Jahren in der Atmosphäre!"

„Um Treibhausgase aus der Luft zu holen, verwenden wir NETS, das ist die Abkürzung für Negative Emissions-Technologien. Aber der beste Weg, um die Gase loszuwerden, sind unsere natürlichen Kohlenstoffsenken. Deshalb pflanzen wir überall, wo es geht, Wald und verwandeln unsere Küsten in blaue Kohlenstoffgebiete ."

„Wir besitzen ganz erstaunliche Maschinen, die das CO_2 aus der Luft fangen. Die Technologie dafür haben wir von U-Booten und Raumschiffen abgeschaut. Denn diese Fahrzeuge mussten schon immer CO_2 aus der Luft entfernen, um die Menschen an Bord am Leben zu halten."

„Jetzt arbeiten diese Maschinen Tag und Nacht und saugen CO_2 aus der Luft. Einen Teil des darin enthaltenen Kohlenstoffs nutzen wir, um Baumaterial für Gebäude herzustellen. Das meiste davon wird aber mit Rohren tief in die Erde geleitet und in extrem stabilen Untergrundspeichern verwahrt oder im Gestein eingeschlossen."

GRÄSSLICHE GASE

Wie kam es dazu, dass heute zu viele Treibhausgase in unserer Atmosphäre sind? Und wie kann uns dieses Wissen dabei helfen, eine bessere Zukunft zu planen?

Ähnlich wie hitzköpfige Banditen können Treibhausgase sehr gefährlich werden, wenn sie außer Kontrolle geraten. Aber, abgesehen von einigen wenigen Ausnahmen, sind die meisten von ihnen ein Teil der natürlichen Kreisläufe auf der Erde und erfüllen eine wichtige Aufgabe. Sie lassen das Sonnenlicht auf die Erde und hindern einen Teil der Wärme daran, wieder ins All zu entweichen. So sorgen sie dafür, dass es auf unserem Planeten warm genug ist, um darauf zu leben.

Erst durch menschliche Aktivitäten sind zu viele Treibhausgase auf freiem Fuß. Wie können wir sie einfangen?

WANTED

METHAN – DECKNAME: CH_4

Identität: 1 Teil Kohlenstoff, 4 Teile Wasserstoff

Herkunft: Rülpser und Pupse von Rindern, Feuchtgebiete, Förderung von Erdgas, Kohle und Erdöl, Zersetzung von Biomüll auf Mülldeponien.

Übeltat: Zweitstärkstes Treibhausgas. Es speichert sogar noch mehr Wärme als CO_2 und verursacht etwa ein Viertel der Erderwärmung.

Lösung: Keine fossilen Brennstoffe nutzen, weniger Fleisch und Milchprodukte essen (weniger Kühe bedeuten weniger Methan). Biomüll gesondert entsorgen.

WANTED

KOHLENSTOFFDIOXID – DECKNAME: CO_2

Identität: 1 Teil Kohlenstoff, 2 Teile Sauerstoff

Herkunft: Verwesende und lebende Pflanzen und Tiere, Vulkane. Verbrennung fossiler Kraftstoffe.

Übeltat: Hauptverursacher der globalen Erwärmung.

Lösung: Sonnen-, Wind- und andere Energie nutzen; aufhören, fossile Kraftstoffe zu verbrennen.

WANTED

LACHGAS – DECKNAME: N_2O

Identität: 2 Teile Stickstoff, 1 Teil Sauerstoff

Herkunft: Fossile Brennstoffe und Dünger. Kommt außerdem im natürlichen Stickstoff-Kreislauf der Erde vor: Bakterien in Boden und Wasser können Stickstoff herstellen.

Übeltat: Starkes Treibhausgas, drittgrößter Verursacher der Erderwärmung. Schädigt die Ozonschicht und bringt den natürlichen Stickstoff-Kreislauf aus dem Gleichgewicht.

Lösung: Aufhören fossile Kraftstoffe zu verbrennen. Keinen Dünger mit Stickstoff benutzen, auf umweltfreundliche Landwirtschaft umstellen.

WANTED

OZON – DECKNAME: O_3

Identität: 3 Teile Sauerstoff

Herkunft: Hoch oben in der Atmosphäre schützt das Ozon uns vor ultraviolettem Sonnenlicht, das unserer Haut schaden kann. Weiter unten in der Atmosphäre wird es von Autos, Fabriken und Kraftwerken verursacht.

Übeltat: In den unteren Schichten der Atmosphäre wirkt es wie ein Treibhausgas.

Lösung: Aufhören, fossile Kraftstoffe zu verbrennen. Verkehrsmittel nutzen, die mit erneuerbaren Energien betrieben werden. Wenn möglich gehen oder Radfahren.

WANTED

WASSERDAMPF – DECKNAME: H_2O

Identität: 2 Teile Wasserstoff, 1 Teil Sauerstoff

Herkunft: Wasser. Es verdunstet aus Ozeanen, Flüssen, Seen – und sogar aus Wasserkochern.

Übeltat: Je wärmer die Erde wird, umso mehr Wasser verdunstet. So entsteht mehr Wasserdampf. Der Dampf speichert Wärme, sodass sich die Erde weiter aufheizt! Wärmere Luft kann mehr Wasserdampf aufnehmen, was zu Unwettern führt.

Lösung: Erderwärmung aufhalten, durch deutlich weniger Treibhausgase.

NOT WANTED

FLUORCHLORKOHLENWASSERSTOFFE – DECKNAME: CFCs

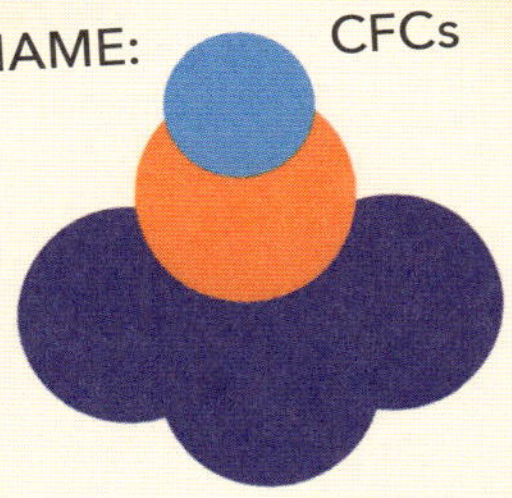

Identität: 3 Teile Chlor, 1 Teil Kohlenstoff, 1 Teil Fluor

Herkunft: Künstlich hergestellt, unter anderem genutzt für Spraydosen, Kühlschränke, Klimaanlagen und Schaumstoffverpackungen.

Übeltat: Diese Gase, die seit 1930 verwendet wurden, haben die Ozonschicht so stark geschädigt, dass sie 1996 verboten wurden. Einige dieser starken Treibhausgase befinden sich immer noch in der Atmosphäre, und einige werden unerlaubt immer noch verwendet.

Lösung: Weg damit! Wir müssen damit aufhören FCKW zu verwenden und herzustellen! Stattdessen können wir umweltfreundliche Alternativen, wie natürliche Kältemittel, nutzen, die der Ozonschicht nicht schaden und nicht zur Erderwärmung beitragen.

NOT WANTED

TEILHALOGENIERTE FLUORCHLORKOHLEN-WASSERSTOFFE – DECKNAME: HCFCs

Identität: 3 Teile Chlor, 1 Teil Kohlenstoff, 1 Teil Fluor, 1 oder mehr Teile Wasserstoff

Herkunft: Künstlich hergestellt und genauso gefährlich, wie ihr Name lang ist. Sie werden als Ersatz für FCKW in Klimaanlagen, Kühlgeräten und Kühlschränken genutzt.

Übeltat: Zwar sind sie nicht ganz so schädlich für die Ozonschicht wie FCKW, aber immer noch sehr starke Treibhausgase. Sie können 150- bis 5.000-mal stärker sein als CO_2!

Lösung: So schnell wie möglich abschaffen, umstellen auf natürliche Kühlmittel.

Jetzt wissen wir, wie wir verhindern können, dass die Treibhausgase außer Kontrolle geraten. Aber wie hat der ganze Ärger eigentlich angefangen ...?

INDUSTRIE: FREUND ODER FEIND

Die Industrielle Revolution dauerte etwa von 1750–1850. In dieser Zeit änderte sich die Art und Weise, wie wir Dinge herstellen, grundlegend – und genau dies verursachte einige unserer heutigen Probleme ...

KOHLE WIRD ABGEBAUT

Alles begann mit der Kohle. Ihren Ursprung hatte die Industrielle Revolution in Großbritannien. Dort wuchs die Bevölkerung und die Menschen brauchten mehr Brennmaterial zum Heizen und Kochen. Bis dahin hatte man Holz verwendet, aber Kohle lieferte viel mehr Energie.

Der Abbau von Kohle war schwere Arbeit, die nur langsam voranging. Dazu war es sehr gefährlich in den unterirdischen Minen zu arbeiten, da diese oft überflutet wurden. Um Wasser aus den Minen zu pumpen, erfand man Dampfmaschinen. So konnte die Kohle schneller und von tiefer unter der Erde abgebaut werden.

Die mit Dampf angetriebenen Maschinen wurden immer ausgefeilter und konnten für zahlreiche Zwecke genutzt werden. Der Einsatz der Maschinen beschleunigte alles. Anstelle von Menschen, die in kleinen Werkstätten Dinge einzeln per Hand herstellten, konnte man nun mit Maschinen in Fabriken große Mengen an Waren produzieren. Das war schneller und billiger, verbrauchte aber Unmengen an Kohle, um die Maschinen anzutreiben.

Die Städte wuchsen, als die Menschen von Bauernhöfen und Dörfern in die Fabriken strömten, um dort zu arbeiten. Während viele unter furchtbaren Bedingungen schufteten, wurden einige reich und wollten immer mehr Dinge kaufen. So stieg die Nachfrage nach den in Fabriken hergestellten Waren und damit auch nach Kohle.

Um noch mehr Waren verkaufen zu können, begannen die Industrie-Barone, ihre Güter ins gesamte britische Königreich zu liefern, dazu zählten zu der Zeit auch zahlreiche Länder außerhalb Europas, wie Indien oder Nigeria. Schnell folgten auch andere Staaten diesem Beispiel. Die Industrielle Revolution verbreitete sich weltweit und schuf so einen noch größeren Bedarf an Kohle. Von nun an war wirtschaftlicher Erfolg davon abhängig, eine massenhafte Nachfrage nach industriell hergestellten Waren zu erzeugen ... egal, ob die Menschen diese Dinge wirklich brauchten oder nicht.

Seitdem ist die Menge an Treibhausgasen in der Atmosphäre steil angestiegen und hat die Temperatur der Erde in die Höhe getrieben. Schon in den späten 1890er-Jahren wussten Forschende über den Treibhauseffekt Bescheid. Und sie wussten auch, dass das Verbrennen von Kohle die Erde aufheizen würde. 1965 war klar: Dies wird ein Problem werden. Zwar gab es schon seit 1900 Elektroautos, aber sie gerieten in Vergessenheit, als in den 1930er-Jahren die Benzinmotoren immer leistungsgsfähiger und Öl immer billiger wurden.

SIEBEN GENERATIONEN VORAUSDENKEN

Die Industrielle Revolution brachte zwar in vielen Bereichen große Fortschritte, doch heute wissen wir, welche Auswirkungen sie auf das Klima und die natürlichen Rohstoffe unserer Erde hatte.

Das lehrt uns, anders zu denken. Viele indigene Völker glauben, man müsse immer sieben Generationen im Voraus planen. Das heißt, bei allem, was wir heute tun, müssen wir genau überlegen und prüfen, welche Auswirkungen unser Handeln in 150 Jahren haben könnte. Wir müssen also bei allen Entscheidungen an unsere Kinder denken ... und an die Kinder unserer Kinder!

Was glaubst du, wie die Welt heute aussehen würde, wenn die Menschen während der Industriellen Revolution an die sieben Generationen nach ihnen gedacht hätten?

ROBOTER-REVOLUTION

Immer schneller erfinden wir neue Technologien, die unsere Welt genauso rasant verändern, wie die Industrielle Revolution. Lass uns die Chance nutzen, nachzudenken, wie sie sich langfristig auswirken.

Hier ist ein Beispiel:

- Was hältst du von Robotern?
- Werden sie einmal unsere Freunde sein?
- Was werden die Menschen tun, wenn Roboter die meisten ihrer Jobs erledigen können?

Für kommende Generationen wird es einen Unterschied machen, wie wir heute unsere Roboter entwerfen und programmieren, ihre Intelligenz kontrollieren und ob wir es schaffen, dafür zu sorgen, dass Menschen nach wie vor sinnvolle Arbeit haben. Indem wir von der Industriellen Revolution und den Treibhausgasen lernen, können wir bessere Entscheidungen für unsere Zukunft treffen.

KLIMA-HELDIN

Junge Menschen fordern die führenden Politiker*innen der Welt auf, an kommende Generationen zu denken. Die Bewegung *Fridays For Future* gründete sich im August 2018, nachdem die damals 15-jährige Greta Thunberg zunächst an jedem Schultag, später an jedem Freitag vor dem schwedischen Parlamentsgebäude saß, um dagegen zu protestieren, dass die Politik nichts gegen die Klimakrise unternahm. Greta postete die Aktion auf Instagram und Twitter.

Ihr Streik rüttelte die Menschen weltweit wach. Zusammen mit anderen Gruppen aus verschiedenen Ländern hat *Fridays for Future* über 14 Millionen Menschen in 7.500 Städten dafür begeistert, sich fürs Klima einzusetzen.

„Viele von uns arbeiten an einer neuen Art von Revolution, die auf erneuerbaren Energien und dem schonenden Umgang mit den Rohstoffen unserer Erde beruht. Was hast du für revolutionäre Ideen?"

ES WAGEN, ANDERS ZU DENKEN

UNSERE GLÜCKLICHE ZUKUNFT!

„Unser wunderbarer Planet hält uns alle am Leben. Wenn wir alle mithelfen, könnte er so aussehen, wie hier beschrieben."

„Von hier oben hat man einen fantastischen Blick auf unseren Planeten, nicht wahr? Unser neuer ‚Gesund & Glücklich Anzeiger' hat uns wirklich dabei geholfen, die Sicht auf unsere Erde zu verändern. Mit diesem Verzeichnis können wir messen, ob unser Planet gesund ist, ob die Menschen glücklich sind und ob Menschen und Tiere ein gutes Zuhause haben."

„Früher haben wir die Dinge danach beurteilt, wie viel Geld jedes Land verdient hat. Aber das hat weder den Menschen, noch dem Planeten geholfen. Das Komische daran ist, dass wir auch schon damals über die neuesten, modernsten Technologien verfügten. Doch es war nicht die Technik, die uns gerettet hat, sondern die Art wie wir anfingen zu denken. Endlich hatten wir erkannt, dass unser einzigartiger Planet es ist, der uns am Leben erhält!"

„Wir hatten begriffen, dass die beste Chance für uns alle darin besteht, die natürlichen Systeme unserer Umwelt so stark und gesund wie möglich zu halten und unserem Planeten die Gelegenheit zu geben, sich zu erholen."

„Jetzt haben wir einen weltweiten Rat, der hilft, dass unsere Erde gut funktioniert. Zum Beispiel werden Länder mit Regenwäldern bezahlt, damit sie die Wälder gesund halten können. Und es gibt ein Gesetz, das es verbietet, der Natur zu schaden. Aber schon seit Jahren ist niemand mehr auf die Idee gekommen, die Natur zu verletzten, da es einfach so dumm wäre, dies zu tun."

„Heute bekommen Unternehmen, die Gutes für die Menschen und den Planeten tun, Geld von den Regierungen (so wie früher die Unternehmen für fossile Brennstoffe, nur umgekehrt), sodass die Firmen, die die Umwelt verschmutzten und Dinge auf schädliche Weise herstellten, pleite gegangen sind. Aber wer würde denn auch schon Dinge von solchen Unternehmen kaufen wollen?"

ZUSAMMEN PACKEN WIR ES!

Wie du in diesem Buch erfahren hast, haben wir bereits die Ideen, die wir brauchen, um unsere Probleme zu lösen und eine bessere Welt zu schaffen. In gewisser Weise ist das schwierigste Problem gleichzeitig das, was wir am einfachsten lösen können: Es ist die Art, wie wir denken.

Wenn die nächste Generation von Menschen so aufwächst, wie du und versteht, wie man sich um die wunderbaren Netzwerke der Natur kümmert, die uns am Leben halten, dann wird die Welt nach ein oder zwei Generationen ganz anders aussehen.

BEZIEHUNGEN ZUR UMWELT

Räuberische Beziehungen
Wenn ein Tier ein anderes jagt, zum Beispiel große Fische, die kleinere Fische fressen.

Wechselseitige Beziehungen
Wenn Lebewesen zusammenarbeiten, und sich so gegenseitig helfen, wie Schmetterlinge und Blumen.

Beziehungen mit Parasiten
Wenn ein Lebewesen sich von einem anderen ernährt und damit Schaden anrichtet. Wie die blutsaugende Vampirfledermaus.

Was glaubst du, welche Art von Beziehung sollten wir mit unserer Erde haben?

Unsere Beziehung mit der Erde ist wie die eines Parasiten mit seinem Opfer. Wir nehmen so viel, dass sich das Klima verändert, die Rohstoffe ausgehen und andere Arten aussterben. Parasiten können eine wichtige Rolle im Ökosystem spielen. Aber was passiert, wenn der Parasit einer so mächtigen Spezies angehört, dass er das ganze Ökosystem verschlingt?

Menschen, Organisationen und Länder erforschen, wie wir unsere Beziehung zur Erde neu gestalten können, sodass sie auf Gegenseitigkeit beruht. Unser kommendes Handeln sollte dazu beitragen, die Erde im Gleichgewicht zu halten und ihr helfen, sich zu erholen.

ZÄHLEN, WAS WIRKLICH ZÄHLT

Das Königreich Bhutan im Himalaja-Gebirge ist wahrscheinlich das glücklichste Land der Welt. Ganz sicher ist es eins der grünsten. Anstatt seinen Erfolg nur am Bruttoinlandsprodukt (BIP) zu messen, also daran, wie viel gekauft und verkauft wird und wie viel Geld das Land erwirtschaftet, hat der **König von Bhutan** etwas erfunden, dass sich Bruttonationalglücks-Index nennt. Hier wird kein Geld gezählt, sondern Dinge wie nachhaltige Entwicklung, Umweltschutz, Schutz der Kultur und eine gute Verwaltung des Landes.

Bhutan ist das einzige Land der Welt, das kohlenstoffneutral oder sogar kohlenstoffnegativ ist.

Und so geht's:

- Laut Gesetz in Bhutan müssen mindestens 60 % des Landes aus Wäldern bestehen. Bhutan ist also eine Kohlenstoffsenke: Es nimmt mehr CO_2 auf als es verursacht!
- Bhutan hält den Weltrekord im Bäume pflanzen: 49.672 in einer Stunde!

- Bäume abzuholzen ist in Bhutan verboten.
- Statt Strom aus fossilen Brennstoffe herzustellen, wird in Bhutan mit der Wasserkraft der vielen Flüsse des Landes kostenloser Strom erzeugt.
- Alle Autos sollen in Zukunft elektrisch sein.

Die Menschen in Bhutan sind überzeugt, dass Freundlichkeit, Zufriedenheit und ein Leben in Harmonie mit dem Universum entscheidend für das Glück aller sind.

- Die Gesundheitsversorgung ist kostenlos.
- Schulbildung ist für alle Kinder kostenlos.

Genau wie jedes Land hat auch Bhutan komplizierte Probleme zu lösen. Aber Bhutan ist ein großartiges Vorbild für andere Länder, wie man den Ausstoß von CO_2 verringern kann und eine harmonische, gerechte Gesellschaft erschafft.

MIT DER NATUR ZUSAMMENARBEITEN

Was wäre, wenn das Ziel der Wirtschaft nicht nur darin bestünde weniger Schaden anzurichten, sondern darin, mehr Gutes zu tun? Einige Unternehmen sind schon dabei, ihre Aktivitäten so zu gestalten, dass sie Natur und Menschen damit Gutes tun. Manche machen die Natur sogar zu ihrem Geschäftspartner, andere nutzen ihre Energie oder Intelligenz, um die Arbeit zu erledigen.

Die Regeln ändern

Wenn du ein Haus baust, entscheidet die Beschaffenheit des Bodens darüber, was für ein Gebäude entsteht, und im Garten bestimmen die Rankgitter, welche Pflanzen daran emporwachsen können. Auf die gleiche Weise prägen die Regeln, Gesetze und sogar die Sprache, die wir nutzen, unsere Welt. Lass uns darüber nachdenken, die Regeln zu ändern …

Das Unternehmen *BeeOdiversity* arbeitet mit den Bienen zusammen, um Daten über die Gesundheit der Umwelt zu sammeln. So hilft es die Qualität von Boden, Luft und Wasser wieder herzustellen.

Die Organisation *Ocean Cleanup* arbeitet mit den Strömungen der Meere zusammen, um 90 % des in den Ozeanen treibenden Plastikmülls zu beseitigen.

GERECHTIGKEIT FÜR DIE ERDE

Stell dir vor, es gäbe ein Gesetz, das ernsthafte Schäden an der Natur verhindert. Es wäre so viel einfacher, alle dazu zu bringen, den Ausstoß von Treibhausgasen zu verringern, die Ozeane, Regenwälder und all die gefährdeten Arten zu schützen!

Unternehmen und Regierungen müssten sich schnell ändern oder es hätte ernsthafte Folgen für sie. Die Natur, unser lebenserhaltendes Netzwerk, hätte mit so einem Gesetz einen mächtigen Freund auf seiner Seite!

Wenn uns etwas wichtig ist, dann erlassen wir Gesetze, um es zu schützen. So gibt es zum Beispiel Gesetze, die das Töten oder Verletzen von Menschen, Diebstahl oder Sachbeschädigung verbieten. Wir schützen unser Geld, unsere Häuser und Autos – aber nicht unseren Planeten.

DEN ÖKOZID BEKÄMPFEN

Ökozid bedeutet unsere Ökosysteme massiv zu schädigen oder sie sogar zu zerstören. Es gibt kein Gesetz, das dies verbietet. Noch nicht.

Jojo Mehta arbeitet für die Organisation Stop Ecocide. Dort leitet sie ein Team von Anwält*innen und Aktivist*innen aus den verschiedensten Ländern der Welt. Sie setzen sich dafür ein, dass Ökozid international als Verbrechen anerkannt wird. Dies ist sehr wichtig, um das Umdenken voranzubringen und eine bessere Welt zu schaffen.

Ein weltweiter Rat

Stell dir vor, du würdest in einer Stadt leben, in der niemand dafür zuständig wäre, die Mülltonnen zu leeren, die Straßen zu reinigen oder dafür zu sorgen, dass alle sauberes Wasser haben. Es gäbe bald ein großes Durcheinander und sicher auch Streit!

In vergangenen Zeiten hatte die Art wie wir lebten nur Auswirkungen auf unser Dorf oder die Stadt, in der wir wohnten. Heute sind wir Menschen eine so mächtige Spezies, dass unser Leben den ganzen Planeten beeinflusst.

Wie schaffen wir es, dass die Erde ein bewohnbarer Planet bleibt, und wie können wir gleichzeitig sicherstellen, dass genügend Rohstoffe für uns heute und für kommende Generationen vorhanden sind? Wie wäre es, wenn wir Steuern an einen globalen Rat zahlen, der sich um alles Leben auf der Erde kümmert? Man nennt dies ‚Global Governance' und viele bemerkenswerte Menschen arbeiten schon an dieser Idee. Vielleicht auch du eines Tages!

MAGISCHE WORTE

Worte haben Macht. Sie beeinflussen, wie wir über unsere Welt denken, und wie wir uns ihr gegenüber verhalten. Die folgenden Worte aus verschiedenen Kulturen haben dabei geholfen, die Umwelt gesund zu halten oder versucht, Menschen vor einem Lebensstil zu schützen, mit dem sie die Erde zerstören.

Molong

In der Sprache der Penan bedeutet Molong „nimm nicht mehr, als du brauchst". Die Heimat der Penan ist der Regenwald in Borneo. Den Penan ist klar, dass die Natur für kommende Generationen geschützt werden muss. Und um das zu tun, müssen wir lernen nach Molong zu handeln.

See hun

See hun ist ein weiteres magisches Wort der Penan. Es bedeutet „Nicht-Teilen" und ist eins der schlimmsten Dinge, die man in ihrer Gemeinschaft tun kann. Denn alle wissen, dass sie sich umeinander und um den Wald kümmern müssen, um zu überleben. Wir alle sind abhängig von einem gesunden Planeten und auch voneinander.

Wetiko

Das Wort Wetiko stammt aus den Sprachen der First Nations (indigene Völker Kanadas), wie zum Beispiel der Cree oder Ojibwe. Wetiko kannst du dir wie ein hochansteckendes Virus vorstellen oder wie einen Geist, der die Menschen dazu bringt, Tiere, Natur und andere Menschen auszubeuten. Als die indigenen Völker Amerikas sahen, wie europäische Siedler die Wälder abholzten, Millionen von Tieren töteten und andere Menschen als Sklav*innen hielten, glaubten sie, die Siedler seien von Wetiko besessen. Sie befürchteten, der Geist oder das Virus könnte sich ausbreiten und die ganze Welt zerstören. Indem sie ihre Gemeinschaft warnten, sich vor Wetiko in Acht zu nehmen, lehrten sie gleichzeitig Mäßigung, Zusammenarbeit und Respekt vor allen Lebewesen!

NACHHALTIGKEITS-HELD

Tariq Al-Olaimy ist Mitbegründer von *Public-Planet-Partnerships* in Bahrain. Die Organisation erforscht, wie Unternehmen und Regierungen nachhaltige Entwicklung beschleunigen können, indem Mensch und Natur zusammenarbeiten. Dies soll helfen, unsere weltweit größten Probleme zu lösen und der Natur die Chance geben, sich zu erholen.

> Welche Gesetze oder Regeln sollte es geben, um eine bessere Welt zu schaffen?
>
> Wie würdest du dein Land oder dein Unternehmen führen? Welche neuen Wörter würdest du erfinden, um uns zu helfen, anders zu denken?

NACH VORN SCHAUEN

Wie lang wird es dauern, den Planeten zu reparieren?

STOPP Jetzt!

Die Erde wieder ins Gleichgewicht zu bringen, ist die wichtigste Aufgabe, die wir heute haben. Wie lange würde es dauern, bis die Erde sich erholt hat, wenn wir alle zusammenarbeiten?

WIR HABEN EINEN WETTLAUF VOR UNS

Unter 1,5 °C Erderwärmung bleiben

Wir MÜSSEN es schaffen, dass die Erde sich nicht mehr als 1,5 °C erwärmt, um die schlimmsten Folgen des Klimawandels aufzuhalten und damit die Erde ein sicherer Ort zum Leben bleibt.

2018 teilten die Forschenden des Weltklimarats uns mit, dass wir nicht mehr als 420 Gigatonnen CO_2 ausstoßen dürfen, um unter dieser Grenze zu bleiben.

Im Moment stoßen wir
42 Gigatonnnen
CO_2 im Jahr aus.
420 ÷ 42 = 10

Das bedeutet, dass wir nur noch weniger als 10 Jahre haben, um dieses Problem in den Griff zu bekommen. Wir müssen gemeinsam als ein Planet handeln – und das schnell! Bei 2 °C Erderwärmung wären die Auswirkungen des Klimawandels viel schlimmer. Um unter dieser Grenze zu bleiben, haben wir noch etwa 25 Jahre Zeit.

DER WEG ZUR BESSERUNG

GO HARD!

Hier siehst du, wie lange unsere Erde braucht, um sich zu erholen. Wenn wir jetzt handeln, können wir etwas verändern.

Ozonschicht

Bis 2060 könnte die Ozonschicht vollständig wieder hergestellt sein. Seit die schädlichen FCKW-Gase 1987 verboten wurden, erholt die Ozonschicht sich gut. Sie schützt uns vor der ultravioletten Strahlung der Sonne. Ohne die Ozonschicht, könnten die meisten Lebewesen nicht überleben.

Artenvielfalt

Leider sind 1 Millionen Arten innerhalb der nächsten 50 Jahre vom Aussterben bedroht. Wenn wir zulassen, dass sie verschwinden, würde es 3–5 Millionen Jahre dauern, bis die Artenvielfalt auf der Erde wieder so reich wäre wie heute. Um die Anzahl an Arten wieder herzustellen, die auf der Erde lebten, bevor der moderne Mensch auftauchte, wären 7 MILLIONEN Jahre nötig. Wir müssen jetzt handeln.

Luftverschmutzung

Während der ersten Wochen des Lockdowns wegen der Corona-Pandemie 2020 gab es weltweit viel weniger Verkehr auf den Straßen. Der Himmel strahlte wieder blau und die Messwerte luftverschmutzender Gase sanken in manchen Städten um bis zu 60 %.

Regenwälder

In 20 Jahren könnten 80 % der Baumarten nachwachsen. Aber es würde länger dauern, bis die Vielzahl an unterschiedlichen Tieren und Pflanzen wieder hergestellt wäre.

Bevölkerung

Haben Mädchen die Möglichkeit auf Bildung und zur Familienplanung, könnte die Anzahl der Menschen bis 2050 auf nur 8,5 Milliarden ansteigen, statt auf über 9 Milliarden.

Ozeane

Die Ozeane erholen sich schnell. Sie können dabei helfen, das Klima zu stabilisieren und Lebensmittel liefern. Wir müssen große Gebiete der Ozeane schützen und die Verschmutzung, das Töten von Meereslebewesen und die Zerstörung der Küsten aufhalten. Es funktioniert! Vor 50 Jahren gab es nur noch einige Hundert Buckelwale, die regelmäßig von der Antarktis nach Australien wanderten. Doch nachdem der Walfang verboten wurde, schwimmen jetzt wieder 40.000 Wale!

Erderwärmung

Die Erderwärmung könnte sich in einigen Jahrzehnten stabilisiert haben. Wir können sie nicht von heute auf morgen stoppen, da Treibhausgase sehr unterschiedlich schnell abgebaut werden und die Meeresströmungen auch weiterhin in der Tiefsee gespeicherte Wäme an die Oberfläche spülen. Aber ohne weitere Emissionen würde diese überschüssige Wärme in den Weltraum entweichen und die Temperatur auf der Erde würde sich stabilieren. Das meiste CO_2 braucht 20–200 Jahre, um sich in den Ozeanen aufzulösen. Einige andere Gase benötigen dazu jedoch Tausende von Jahren.

Bis 2030 müssen wir 30 % unseres Planeten schützen, und bis 2050 die Hälfte.

Wenn wir alle gemeinsam schnell anpacken, könnten wir bis 2050, in einer besseren Welt leben.

LOS GEHT'S!

Wie können wir diese bessere Zukunft verwirklichen?

Was wir in den kommenden zehn Jahren tun, wird das nächste Kapitel des Lebens auf der Erde bestimmen. Und wie wir in diesem Buch gesehen haben, kann das ein glückliches Kapitel sein.

Es liegt in unserer Macht, die Dinge zu ändern. In diesem Buch haben wir wundervolle Menschen kennengelernt, die etwas in Bewegung bringen. Viele von ihnen arbeiteten schon an Lösungen, als sie noch zur Schule gingen. Vielleicht kannst du das auch!

ALLES IST MÖGLICH

Sieh nur, wie wir mit ganz einfachen Maßnahmen in unserem Alltag etwas bewirken können! Wenn wir uns alle angewöhnen, diese Dinge zu tun, sind wir auf dem Weg in eine bessere Welt.

Nutze deine Stimme!
- Fordere eine bessere Welt.

Essen für einen glücklichen Planeten!
- Prüfe, wo dein Essen herkommt.
- Iss weniger Fleisch und Milchprodukte.
- Verschwende keine Lebensmittel.
- Versuche, deine eigenen Lebensmittel anzubauen.
- Iss Lebensmittel, die in deiner Nähe angebaut wurden.

Verringere deinen CO_2-Fußabdruck!
- Gehe zu Fuß, fahre Rad oder mit öffentlichen Verkehrsmitteln.
- Spare Energie.
- Nutze erneuerbare Energien, wo immer du kannst.

Vermeide Müll!
- Du kannst Dinge recyceln, wiederverwenden und Reste kompostieren.
- Spare Wasser.

Sag nein zu noch mehr Zeug!
- Kaufe keine Dinge, die du nicht brauchst.
- Verzichte auf Einwegplastik.

Mach dich schlau!

- Prüfe, wie und wo die Dinge, die du kaufst und verwendest, hergestellt werden.

Gleichberechtigung für Mädchen!

- Lassen wir die Welt mit voller Gehirnleistung laufen.

Ab nach draußen!

- Genieße die Natur.
- Hilf dabei, wilde Lebensräume zu schaffen, besonders für bestäubende Insekten.
- Setze dich freiweillig für Naturschutz und Müllsammel-Aktionen ein.

Glaube daran, Dinge verändern zu können!

- Nutze die Art, wie du lebst, deine eigenen Ideen und Neuerungen als Teil der Lösung.

Kümmern, teilen, wagen!

- Kümmere dich um unsere Erde, arbeite mit anderen zusammen, wage es, dir eine Zukunft, die du selbst gestalten kannst, vorzustellen.

TATEN BEWIRKEN VERÄNDERUNG!

- REGENWÄLDER UND SÜSSWASSER SCHÜTZEN
- OZEANE SCHÜTZEN
- DAS AUSSTERBEN AUFHALTEN
- ARTENVIELFALT SCHÜTZEN
- KLIMAWANDEL UND LUFTVERSCHMUTZUNG VERRINGERN
- EINE BESSERE WELT ERSCHAFFEN

ERKLÄRUNG DER SYMBOLE

1. Verringert Emissionen
2. Weniger Wärme wird aufgenommen
3. Verhindert Überfischung
4. Verhindert Schäden durch Dünger
5. Stoppt Abholzung von Wäldern
6. Verhindert Verlust von Lebensräumen
7. Mehr Nahrung für alle
8. Gerechtere Arbeit und Löhne
9. Mehr Jobs, grüne Wirtschaft
10. Mehr Süßwasser für alle
11. Verhindert, dass Meerestiere an Plastikmüll sterben
12. Weniger Schiffe, weniger Verschmutzung und Lärm
13. Gerechtere Verteilung der Rohstoffe der Erde
14. Geringere Bevölkerung
15. Schützt die Nahrungskette
16. Hält dich gesund
17. Macht dich glücklich

UND DU?

Denke an all die großartigen Ideen, von denen du in diesem Buch erfahren hast. Es liegt an uns, eine bessere Zukunft zu schaffen …

REGISTER

Danke!
Das Schreiben dieses Buches, die Recherche dazu und die Aufnahme solch brillanter Aktivist*innen in dieses Buch war nur durch die Hilfe so vieler wunderbarer Menschen möglich. Besonderen Dank an:

Dr. Steve Bird, Chloé Bird, Clare Brook, Joff Brown, die Famile Colmet-Daâge, Eliza Forde, Marianne Gunn O'Connor, Niahm Gunn, Jane Harris, Margaret Hope, Sophie Locke, Robin Maynard, Dan Maunder, Christine McDougall, Jojo Metha, Neema Namadamu, Amber Nuttall, Sir Jonathon Porritt, Kate Raworth, Prinzessin Marie-Esmeralda von Belgien, Soledad Sede, Jessica Sweidan, Alison Taylor, Antoinette Vermillye

Und an:
Amazon Frontlines, Blue Marine Foundation, Cambridge University Cambridge Zero, Dandelion Africa Organisation, Doughnut Lab, Earth X TV, Fridays for Future, Hero Women Rising, Instituto Raoni, Malala Foundation, One Young World, Population Matters, Public Planet Partnerships, Stop Ecocide, Synchronicity Earth, Women's Earth and Climate Action Network (WECAN) International

Und Bethany Lord für die wunderschönen Zeichnungen.
-C.F.

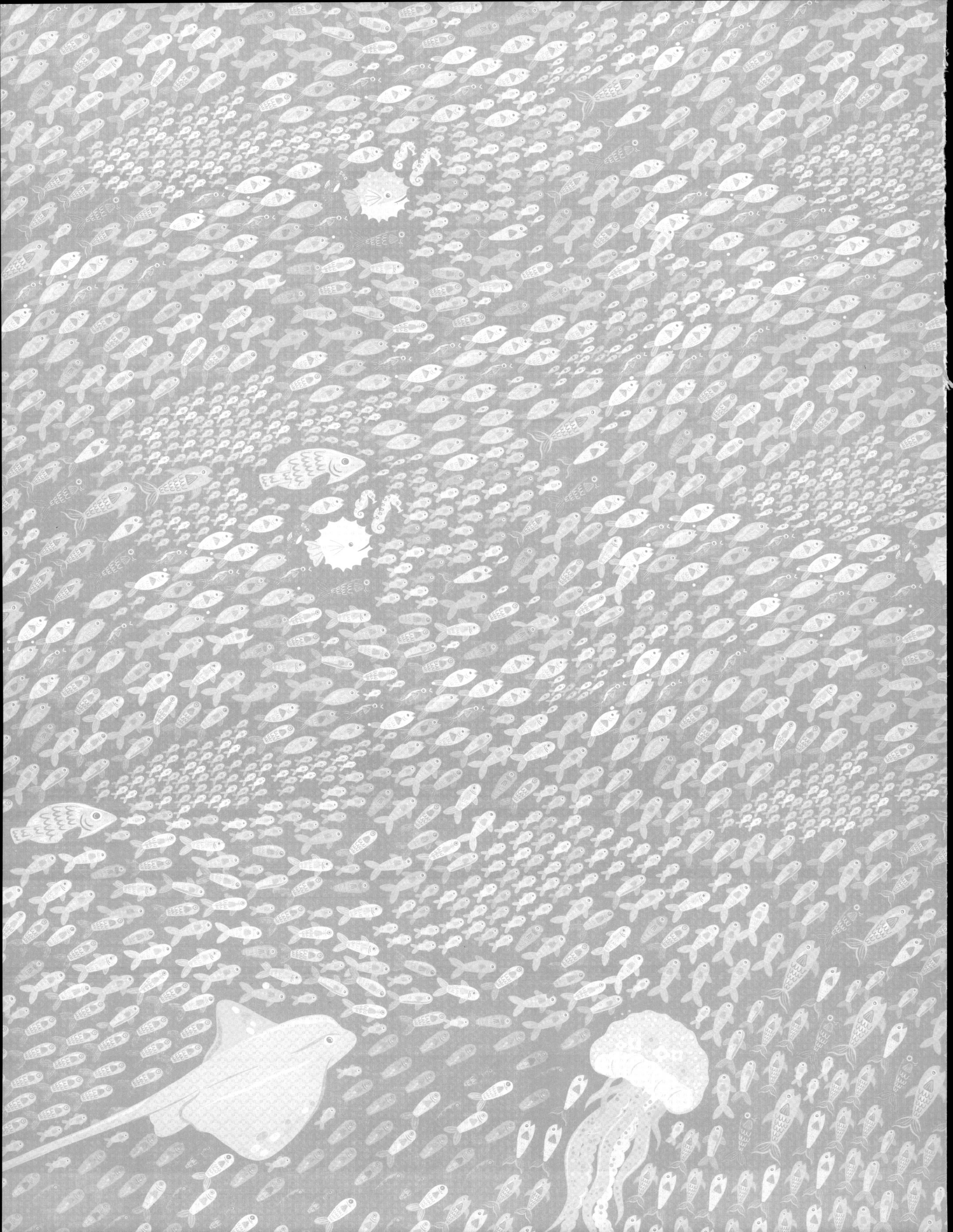